Kallimni 'Arabi Aktar

International Language Institute, Cairo
International House

The Kallimni 'Arabi series:
Kallimni 'Arabi Bishweesh
Kallimni 'Arabi
Kallimni 'Arabi Aktar
Kallimni 'Arabi Mazboot
Kallimni 'Arabi fi Kull Haaga

كَلِّمْنِي عَرَبِي أَكْتَر

Kallimni 'Arabi Aktar

An Upper Intermediate Course
in Spoken Egyptian Arabic 3

Samia Louis

Illustrations by
Nessim Guirges

The American University in Cairo Press
Cairo • New York

First published in 2008 by
The American University in Cairo Press
113 Sharia Kasr el Aini, Cairo, Egypt
420 Fifth Avenue, New York, NY 10018
www.aucpress.com

International Language Institute, Cairo (www.arabicegypt.com), is affiliated
to International House, London.

Dar el Kutub No. 3138/07
ISBN 978 977 416 100 1

Dar el Kutub Cataloging-in-Publication Data

Louis, Samia
  Kallimni 'Arabi Aktar: An Upper Intermediate Course in Spoken Egyptian Arabic 3
Samia Louis. — Cairo: The American University in Cairo Press, 2007
   p.   cm.
   ISBN 977 416 100 9
1. Arabic language — Study and teaching I. Title
   410.7

 2 3 4 5 6 7 8 12 11 10

Designed by Fatiha Bouzidi/AUC Press Design Center
Printed in Egypt

Contents المحتويات

Acknowledgments الشكر والتقدير

I would like to thank:

Colin Rogers, the CEO and founder of the International Language Institute (ILI) in Cairo, whose vision and support made this series happen. Mr. Rogers provided all the necessary finances for consultants, an artist, and a recording studio, and most of all believed in our capabilities.

Dr. Iman Aziz Soliman, educational consultant, who helped in designing the syllabus.

Mohamed Amer, project manager, who edited the work and helped with the recording.

Hoda Adeeb, director of studies at the ILI, for sharing her opinions, grammatical analysis, and for providing teacher support in editing and recording.

The **ILI** teaching staff for recording and pioneering the book in class, and giving their constructive feedback and suggestions.

Our administrative staff **Zeinab El Ghazaly**, head of reception, and **Dalia Abou El Ezz**, who helped with illustrations and editing the work on computer.

Mafdy Thabet, Dream Studio sound engineer, for his special sound effects and professionalism in producing the CD.

Nessim Guirges, the artist, for all his efforts in making the illustrations so helpful as a teaching aid.

Introduction   المقدمة

Kallimni 'Arabi Aktar is part of a planned series of multi-level Egyptian Colloquial
Arabic course books for adults, written by Samia Louis and developed at the
International Language Institute (ILI), Cairo. It combines rich, everyday cultural con-
tent, comprehensive grammar, and real-life functional language. It not only complies
with the guidelines for teaching and learning Arabic of the American Council for
Teaching Foreign Languages (ACTFL) but also brings together more than 30 years
of practical experience, as ILI is one of the most prominent Arabic as a Foreign
Language teaching centers in the world.

The book covers the intermediate-mid to high level of language proficiency
according to ACTFL. Students using this book will be able to communicate orally in
a number of survival situations *Kallimni 'Arabi Aktar* recycles everyday vocabulary
and progressively builds and enforces students' knowledge of sentence structure
through presentations and exercices that focus on real-life situations.

The book develops students' communication skills by including a conversation unit
in each chapter called 'Chat With Us.' This enables users to improve their commu-
nicative skills and allows for the progressive acquisition of vocabulary and structure
through a number of interactive classroom tasks and everyday situations. The book
covers listening, speaking, reading, and writing skills, with particular emphasis on
listening and speaking.

Students using this course book should already be proficient in reading and writing
Arabic, having studied the first book (intermediate-low) in the Kallimni 'Arabi series
or completed the intermediate stage of modern standard Arabic. By the end of this
course students should be able to:

-   Talk simply about themselves and ask for personal information
-   Be able to talk about personal and past experiences
-   Initiate conversations, introduce people to each other, and participate in simple
    conversations beyond the most immediate needs
-   Describe people, objects, scenes, and pictures

- Ask for services and give instructions and directions
- Talk about lifestyles and describe places and events in the past
- Use adjectives on a larger scale to talk about and describe changes between past and present
- Describe and narrate stories about trips and experiences
- Make requests and offer simple apologies
- Express preferences, likes, and dislikes
- Talk about changes in life, habits, and traditions
- Use reported speech in telling news
- Report complaints and give explanations
- Talk about accomplishments

Kallimni 'Arabi Aktar (intermediate-mid–high) consists of 8 modules. Each module is structured as follows:

Presentation
New language points and vocabulary are presented in context through listening or speaking examples.

Practice
Each presentation is followed by a number of exercises offering activities often involving listening, speaking, reading, and writing skills.

Conversation Lesson (Dardish Ma'ana or Chat With Us)
Each lesson begins with a conversation that includes examples of the functions that have been studied, in addition to any new idioms. This part of the lesson is designed to enable teachers to approach the content in their own way and then to introduce tasks and cues that enable the students to speak more fluently using their own ideas and opinions.

Real Life
A skill-based section in which the student participates in a number of learning tasks simulating real-life situations. The aim is to use the vocabulary and structure that the student has learned in the module.

Remember
This section provides a quick overview of all the language points taught in each module.

Revision

The book contains three sets of revision: The first, at the beginning of the book, is to help students get an idea of what was covered in the previous book, and to assess their current level. The second revision, after module 4, tests different skills with a series of listening and grammar drills, and speaking tasks. The third general revision can be found at the end of the book.

Kallimni 'Arabi Aktar also contains the following:

Glossary

The book presents the necessary vocabulary for each function and presentation within each module using illustrations. At the end of the book there is an Arabic/English glossary of the vocabulary used in each module.

CD

Listening texts are recorded as MP3 files on a CD for class and personal use. Each recorded unit has a track number next to the text. The recorded material also includes language presentations, language points, drills and listening activities, and reading texts. A variety of native speaker voices are used to enrich the students' exposure to the spoken language in its natural context. Note: If using iTunes to listen to the CD, please ensure that the Crossfade Playback setting is disabled.

Listening Texts

The written texts for the listening material are in Arabic and presented at the end of the practice section in each presentation.

Time and Methodology

Each module of *Kallimni 'Arabi Aktar* will take 8–9 hours of teaching and studying. The Real Life section will take 90 minutes of speaking and listening practice. Teachers are free to use the exercises under the Real Life or Revision sections according to students' needs and classroom time. *Kallimni 'Arabi Aktar* is designed to allow teachers considerable flexibility to structure the lessons as they wish. But since the vocabulary and grammar are used cumulatively throughout the units, following the sequence of lessons is strongly recommended.

We hope you will enjoy learning Arabic with us!

Skills			
Listening	**Speaking**	**Reading**	**Writing**
- 2 neighbors introducing themselves to each other. - An interview with a movie director.	- A dialogue between a government employee in the passport department and a client. - A survey in a class to ask about biographies of each student.	Questions of a customs officer to a passenger at the airport.	Responses of a passenger at the airport.
- 2 friends talking about their trip to Siwa and the White Desert. - 2 friends talking about a burglary.	- Talking about past experience of different situations. - Talking about a real story that happened in the past.	A dialogue between 2 friends talking about their trip.	Answering a grammar exercise.
- 2 people trying to recognize each other. - 2 friends meet each other after a long time.	- People introducing themselves at a party. - 2 strangers trying to start up a conversation. - Role plays for different situations.	- Reading a conversation between 2 people who met at a bank. - Sentences that match the proper answer.	Completing missing lines in a conversation.
A brother talking to his sister about an unpleasant past experience.	Role play: - 2 old friends have not met for a long time. - A teacher trying to get to know his students. - Small talk about a situation during a trip.	An advertisement about a film on President Nasser.	Writing the missing questions for a director interviewing an employee.

Plan of Module 1

Module 1	Function	Grammar	Vocabulary
1st Presentation مشوار حياتي. My personal history.	تقديم النفس و إعطاء المعلومات الشخصية. - Introducing oneself. - Exchanging personal history and asking about biographies.	أدوات الربط. في الأول – قِبل – بعد و بعدين – لما – بعد كده. Connectors.	اتولد – اتخرّج – دخل الجيش – الحالة الإجتماعيّة – خلّف إلخ. All biographical vocabulary.
2nd Presentation الصحرا البيضا. The White Desert.	الكلام عن خبرات شخصية Talking about past personal experiences.	الفعل الماضي. Past tense. Conjugation of all verb types.	الصحراء اليضا – هدوم تقيلة – عين – عيون – واحة – واحات.
3rd Presentation دردش معانا شفتك فين قبل كده؟ Where have we seen each other before?	التعرف علي صديق قديم. كيفية بدء محادثات. - Recognizing an old friend. - How to start up a conversation with a new friend.	تعبيرات شكلك مش غريب عليّا. شفتك فين قبل كدة؟ Attached pronouns.	طابور – عروسة – فرح – غريب – ظريف – لذيذ – بيقولوا عليه – ياتري – هايل .. إلخ.
Real Life	Review all the pre-taught target language in real life situations.	Consolidation.	الطريق الدائري – تاه – خاف – الدنيا مطرت – المقابر. Recycle all pre–taught vocabulary plus new words.
Remember	A résumé of all the grammar taught in the module.		

Skills			
Listening	**Speaking**	**Reading**	**Writing**
Describing a village scene.	- Exchanging information about a photo of different family members and what they do in their rooms. - Describing a museum picture. - Guessing game.	اسم الفاعل. Sentences using different participles.	اسم الفاعل. Filling in the blanks using participles.
- Describing a family photo. - A dialogue between a client and a mechanic talking about his family.	- 2 friends talking about their family photos. - Making up questions and answers to describe people in a picture. - Describing class members.	- Family tree vocabulary - Sentences describing members of a family.	- Filling in the blanks using vocabulary about family members. - Completing sentences using vocabulary about family.
3 dialogues: - At an airport. - At a CD shop. - At a home looking for and describing things.	A game of forming sentences using adverbials of place.	- Sentences describing things. - Sentences using adverbials of place.	Filling in the blanks using adverbials of place.
2 friends talking about a picture of a hotel lobby.	Talking about a lawyer's children and his family.	Sentences describing Khan al-Khalili.	Sentences describing the marketplace in Khan al-Khalili.

Plan of Module 2

Module 2	Function	Grammar	Vocabulary
1st Presentation صورة مصرية. An Egyptian picture.	وصف الصور في المتاحف ووصف المناظر. Descriptions of pictures and scenes.	اسم الفاعل. Using participles to describe status.	حاطط – تاج – يحلق – فرعوني – ماسك – يستريح – رافع – باصص .. إلخ
2nd Presentation العيلة. The family.	وصف أفراد العائلة. وصف الناس و الصور. Describing family members.	جدك – عمي – خالتنا – .. إلخ. Possessives.	مفردات العائلة جدّ –عمّ – خال – عمّه إلخ. بالتبادل – طول الوقت – اوصف – العيد– لعبة.
3rd Presentation دردش معانا ورايا مشوار. I have an errand to run.	السؤال عن الأشياء و وصفها و إستخدام ظرف المكانً في تعبيرات مشهوره. Asking about things and describing them.	استخدام ظرف المكان مع بعض التعبيرات مثال ورايا مشوار – قدّامي فرصة .. إلخ . Adverbials of place.	حظ – فرصة شغل – للأسف – خلاّط – أم شعر أحمر – أبو دقن .. إلخ.
Real Life	Revising and using all pre-taught target language in real-life situations.	Consolidation.	الاستقبال – الاصلع – مش معقولة – قماش – ميزان – الراجل المسكين .. إلخ.
Remember	A résumé of all the grammar taught in the module.		

Skills			
Listening	**Speaking**	**Reading**	**Writing**
- Dialogue between 2 friends planning a trip. - A student wants to make sightseeing trips in Egypt.	- Conversation about cities. - Exchange of information about cities of different countries.	- Sentences describing cities. - Questions and answers about cities.	Fill in the blanks using adjectives to describe cities.
Listening for detailed information from an older brother describing his younger brother.	- Game to form comparison sentences out of given illustrated adjectives. - 2 friends planning a trip and comparing countries and prices.	- Sentences comparing cities and seasons. - Reading a monologue of a person talking about his brother's habits and qualities. - Reading different opinions. Comparing between jobs, traveling, food, and weather.	Matching sentences comparing rivers and seasons.
- Listening to mini dialogues about people introducing themselves or making small talk. - Listening to 2 patients in a hospital comparing hospitals.	- Students making small talk with each other, gathering information on different issues - Students introduce themselves and exchange information about each other.	Reading mini dialogues for making small talks between strangers.	Students write information about other students to introduce them.
Listening to a man talking to his friend about his difficult fiancée.	Role play: - People introducing themselves at a party. - 2 friends comparing restaurants to choose the best one for an outing.	Reading advertisements for 2 flats and comparing between them for renting.	- Writing sentences to compare between 2 flats in an advertisement. - Writing an advertisement asking for a flat to rent.

Plan of Module 3

Module 3	Function	Grammar	Vocabulary
1st Presentation أسافر أنهي بلد؟ Where should I travel?	وصف المدن و الأماكن. Describing cities and places.	موافقة الإسم مع الصفة. جمع – جمع أو مفرد. مثني – جمع. مفرد – مفرد. Noun-adjective agreement.	واسع – ضخم – منظّم .. إلخ. Adjectives.
2nd Presentation إزيّ شغلك الجديد؟ How is your new job?	المقارنه بين المدن و فصول السنه / مميزات الوظيفه / التواطئ / السقق .. إلخ. Comparing and talking about work, cities, seasons, beaches, flats, etc.	المقارنات و التفضيل. Comparatives and superlatives.	مضلم – منوّر – مزعج – ناشف – سريع .. إلخ. Using more adjectives.
3rd Presentation دردش معانا سمعت كتير عنّك. I've heard a lot about you.	تقديم الناس لبعضها .. محادثات صغيرة. - Introducing people who have met for the first time. - Making small talk.	أقدّم لك – أقدّم لكو. Attached pronouns, genitive case.	أنا اسعد – تشرفنا – فرصة سعيدة – الشرف ليّا إلخ . Vocabulary for greeting such as: "Nice meeting you," "The pleasure is mine," etc.
Real Life	Use all pre-taught language in real-life situations.	Consolidation.	متعب – مريح – سيبك منها – فتاة أحلام.
Remember	A résumé of all the grammar taught in the module.		

Skills			
Listening	**Speaking**	**Reading**	**Writing**
- Dialogue with a famous old writer. - 2 friends talking about a picture of a city in the past.	- Students talking to each other about their cities in the past. - Students talk about an old neighbor or a friend in the past.	- Reading sentences describing different people in the past. - Reading a dialogue between 2 friends talking about a grandparent's house.	Students write a short paragraph about their own cities.
- Friends talking about a picture album, sharing childhood memories. - A granddaughter asking her grandmother about customs and festivals in the past.	- Talking about traditions during feast time in the past. - Students exchange information about childhood memories.	- Reading sentences about childhood memories.	- Connecting sentences that are about old customs and habits. - Filling in the blanks.
A friend asking about the location of a laundry service.	- Students asking about location of services in the city. - Friends talking about the location of shops.	- Reading a city map. - Names of some famous buildings in the city.	Writing a list of some famous buildings in the city.
2 friends talking about memories and traditions during Ramadan.	Role play: - People asking about different services and their location in town.	Reading an advertisement about a dinner party at a club.	Drawing a map to reach the club site.

Plan of Module 4

Module 4	Function	Grammar	Vocabulary
1st Presentation ذكريات عن مصر زمان. Memories about Egypt in the past.	ذكري وصف مدينة أو بلد في الماضي. Describing a city or a country in the past.	كان + الجملة الأسميّة. Nominal sentences (Past).	جناين – شجر – نور –عجلة – بتاع جرائد –نظام.
2nd Presentation ذكريات الطفولة. Childhood memories.	ذكريات الطفولة و عادات في الماضي. – Talking about childhood, old habits in the past.	كان + الجملة الفعلية. لما + كان. Past continuous tense.	عيد– عيديّة – كحك – يطيّر – كلاب – حمام –حيوانات .. إلخ.
3rd Presentation دردش معانا ما تعرفش فين آلاقي؟ Do you know where I can find...?	السؤال عن أماكن الخدمات و وصف المباني - Asking about services and buildings. - Asking about the location of services in the city.	ما تعرفش فين آلاقي ..؟ ما تعرفش فين اقدر ..؟ ما تعرفش إزاي أروح ..؟ ما تعرفش فين ال..؟ Negative questions.	مغسلة – بقّع – وسّخ – فستان سوارية – بقعة.
Real Life	Review all the pre-taught target language in real-life situations.	Consolidation.	يصوم – يصلّي – نادي – مسحراتي – سهرة – أنغام – تبتدي .. إلخ. Recycle all pre taught vocabulary.
Remember	A résumé of all the grammar taught in module, followed by a revision for modules 1–4.		

Skills			
Listening	**Speaking**	**Reading**	**Writing**
- A film star talking about the change in his city and lifestyle. - 2 strangers waiting at a bus station talking about the changes in the city.	- Students exchange information about the changes in a city over a length of time. - Students talk about the changes in their cities.	Dialogue between 2 passengers waiting for the bus.	- Writing sentences about the changes in a city. - Writing missing words in a vocabulary game.
- A patient talking to his friends about changes to his lifestyle after an illness. - An Arab reporter interviewing an Egyptian man about changes in the Egyptian way of life.	- Speaking about traditions during feasts. - Speaking about changes in habits since childhood. - Students speak about changing traditions in their countries.	- Reading sentences about changes in customs and celebrations between past and present.	Writing sentences describing the changes to a village over the years.
Listening to an employee making suggestions for a trip to his friends.	- Students exchange opinions and make suggestions. - Students using cues to make apologies and postpone invitations.	- Reading a dialogue between 2 friends discussing ideas for an outing. - Reading a similar dialogue for apologies.	- Writing missing suggestions in a dialogue. - Writing missing apologies in a dialogue.
Listening to 2 friends talking about changes in their lives.	Students exchanging opinions and comparing the changes between different hotels and restaurants.	Reading a disguised dictation activity.	Writing missing vocabulary in a text.

Plan of Module 5

Module 5	Function	Grammar	Vocabulary
1st Presentation الزمن اتغّير. Times have changed.	الكلام عن التغيير بين الماضي و الحاضر في وصف المدن و نوع الحياة بإستخدام الجملة الاسمية. Talking about change in cities and lifestyle.	استخدام الجملة الأسمية. كان فيه – ما كانش فيه+ جملة اسميّة. بقي فيه – ما بقاش فيه+ جملة اسميّة. Nominal sentence. (Past versus present).	الزمن اتغيّر – ترماي – بايظ – دخّان –عزّل.
2nd Presentation حياي اتغيّرت. My life has changed.	الكلام عن التغيير في العادات و التقاليد بإستخدام الجملة الفعليّة. Talking about change in habits and traditions.	استخدام الجملة الفعليّة. كان بيعمل –بقي يعمل. ما كانش بيعمل – بقى يعمل. كان + جملة الفعليّة. ماكانش + الجملة الفعليّة. Verbal sentence. (Past versus present).	الفطار – صلاةالتراويح – كل سنة و إنت طيب – يسهر .. إلخ.
3rd Presentation دردش معانا ماتيجي نروح دهب؟ How about going to Dahab?	تقديم الدعوة – قبولها – رفضها – أو تأجيلها. Offering, accepting, turning down, or postponing invitations.	ما تيجي ما تيالّلا يا للا بينا نروح + فعل مضارع عندك مانع Using subjunctives to express offerings.	قلة – عشرة طاولة نشمّ هوا .. إلخ.
Real Life	Using all the pre-taught target language in real-life situations.	Consolidation.	كليّة الزراعة – يزرع – تعليم – مصانع – طرد.
Remember	A résumé of all the grammar taught in the module		

Skills			
Listening	**Speaking**	**Reading**	**Writing**
- A lady telling her friend about her birthday party. - Listening to short conversations between patients and the doctor.	Role play: - Students apologize for different situations. - Students exchange their news and report to each other.	Reading reported speech sentences.	Writing a survey for different apologies and situations.
- Listening to a friend asking for help. - Listening to a folk tale.	Role play: - Students talk about stories, events, and films. - A prize for the best storyteller.	- Reading Q/A of reported speech sentences. - Reading the story of Goha.	- Writing the object pronoun of some reported sentences. - Arranging sentences.
- 2 friends talking about a third friend who has had an accident. - Listening to a wife gossiping to her husband about the neighbors.	Role play: - Students exchange news. - Students make up news from illustrations. - Students make up dialogue from illustrations.	Reading a dialogue between a couple sharing news about other people.	- Writing news from a setup cues to share with others. - Filling in the blanks - Completing the missing part of a dialogue.
Dialogue between a police officer and a man reporting the theft of items by his maid.	Role play: - 2 married couples talking about job options abroad exchanging opinions and advice. - A friend making suggestions for a vacation.	Reading a message from someone informing his friends about an accident.	- Writing an e-mail to other friends telling them about the accident.

Plan of Module 6

Module 6	Function	Grammar	Vocabulary
1st Presentation قالوا إيه؟ What did they say?	التكلم عن الأحداث و الإبلاغ عن الاعتذارات. - Talking about events. - Reporting speech and apologies.	قال إنّه – إنّها – إنّهم – إنّك .. إلخ الكلام الغير مباشر و الجملة الخبرية. Reported speech.	إعتذار – زكام – غريبة – منوم – خد إلخ.
2nd Presentation مين هيساعدني؟ Who can help me?	طلب المساعدة – سرد الحكايات و الأفلام. - Asking for help - Narration of stories and films.	ساعدني – يعملي .. إلخ. ضمير المفعول. Attached pronoun. (Accusative and genitive case).	ينقللي العفش – يعزّل – نشر – يريّح – شد – ضحك علي .. إلخ.
3rd Presentation دردش معانا ما سمعتش عن اللي حصل؟ Have you heard about what happened?	تبادل الأخبار عن الناس – السؤال عن أحداثهم و أحوالهم. - Exchanging news about people. - Asking about people's news.	ما عرفتش إللي حصل؟ ما سمعتش عن اللي حصل؟ Negative questions in the past.	عوّر – الإشارة – اصطلح – اتخانق – خلف توأم .. إلخ.
Real Life	Use all previous pre-taught language through real-life situations.	Consolidation.	Recycle old vocabulary.
Remember	A résumé of all the grammar taught in the module.		

Skills			
Listening	**Speaking**	**Reading**	**Writing**
- Listening to a professor talking about a car accident, blaming himself. - Listening to a dialogue between a mother and her teenage children, blaming them.	Role play: - Parents and their children about household chores and their excuses for not doing them. - A hotel manager and customers	Reading different sentences of complaint, blame, or apology.	Fill in the blanks.
- Listening to a dialogue between an employee and a secretary discussing his manager's future plans.	Role play: - One friend asks another for help. The other apologizes for not being able to help and explains why.	Reading sentences talking about future activities.	Arrange sentences and rewrite them.
A dialogue between 2 friends, one of them complaining about her best friend.	Role play: - Student talking about problems and suggesting solutions to these problems.	Reading short dialogues between someone asking for help and someone else making excuses and apologies.	Arranging short dialogues.
A man complaining to his neighbor about noise caused by her children.	Talking about different environmental problems such as pollution, littering, and noise.	Reading a message to a mother written by her son about some domestic problems	Writing a message to a family talking about a problem and how to solve it.

Plan of Module 7

Module 7	Function	Grammar	Vocabulary
1st Presentation كنت مستعجل. I was in a hurry.	الحديث عن المستقبل – الشكوي – اللوم – الاعتذار Talking about the future: blaming, complaining, and apologizing.	كان + الأفعال المساعده كان + لازم – ممكن – المفروض –عايز – ماكانش لازم . كان.+Modals	سقط – قطع الكهرب ضاع الوقت – وصل النور – معرض الكتاب .. إلخ.
2nd Presentation نازل دلوقتي. راجع على طول. I am going out, coming back soon.	الحديث عن المستقبل – حل المشاكل Talking about the future: solving a problem.	اسم الفاعل من افعال الحركة – خارج – داخل رايح – جاي. Participles to express future.	علي فكرة – شوفيلي حل – يطلع –يلم – يمسح –إلخ.
3rd Presentation دردش معانا ما أنا عارف. I know.	التعرف علي المشكلة و حلها – تبرير الكلام و تأكيده. - Identifying a problem. - Solving a problem in the future. - Affirmation and justification of speech.	استعمال ما ما للاقتراح– ما للتأكيد ما للنفي– ما للنهي. Different uses of ما for negation, affirmation, and prohibition.	الأوكازيون – ابتدي – يا دوب خمس ساعات.
Real Life	Revising all the pre-taught target language in a real-life situation.	Consolidation.	Recycle old vocabulary and teach some new words. فظيع – هايل .. إلخ.
Remember	A résumé of all the grammar taught in the module.		

Skills			
Listening	**Speaking**	**Reading**	**Writing**
- Listening to a dialogue between a housewife and her servant. - Listening to a dialogue between a manager and his secretary, checking her work.	- Students exchange information about people's accomplishments. Role play: - Husband and a wife going to a party. - Father and son talking about exams.	Reading a dialogue between a manager and his secretary.	Writing sentences describing illustrated accomplishments of some people.
- Short dialogue about recent accomplishments. - Dialogue between a man and his wife, asking about her shopping trip.	Role play: - A lady asking her housekeeper about what work she has finished.	Reading sentences about accomplishments and recent events.	Filling in the blanks.
Listening to people in different situations asking for information about other people.	Speaking activity to ask about different people and their accomplishments.	Reading 3 dialogues of different situations asking about people or things.	- Matching suitable phrases. - Describing people's accomplishments.
A dialogue between 2 friends who have not met for a long time, talking about their lives.	Role play: - Talking about passengers in a metro. - Talking with an old friend about his life.	Reading an advertisement about Khan al-Khalili products.	- Writing a shopping list to buy Khan al-Khalili products. - Completing missing questions in a dialogue.

Plan of Module 8

Module 8	Function	Grammar	Vocabulary
1st Presentation أنا لسّة بانضّف. I am still cleaning.	الكلام عن الإنجازات. Talking about accomplishments.	لسّة بيعمل. لسّة ماعملش. لسّة + فعل مضارع من غير ب. لسّة + ما + فعل مضارع +ش. Still doing –not yet. Using لسّة to express fulfilment of events.	رسومات – المشروع الجديد – دوسيه – و شك .. إلخ.
2nd Presentation لسّة من شويّه. Just a while ago.	وصف الإنجازات و الأحداث في زمن ماضي قريّب. Talking about events and accomplishments in the recent past.	لسّة + إسم فاعل . لسّة واكل .. لسّة شارب. Just ate. Just drank. Using participles+ لسّة To express the recent past.	حالا – من شويّه – لحدّ دلوقتي – عزف – أبو صلعة .. إلخ.
3rd Presentation دردش معانا و ده .. مين ده؟ And who is that?	السؤال عن الناس– المعلومات –الأشياء و وصف الإنجازات. - Asking about people, information, and things. - Asking about accomplishments. - Asking about events.	– استعمالات ده – دي – دول الزائده للسؤال. – السؤال بطريقة النفي مع استعمال اسماء الإشارة .. Different uses of demonstratives.	أبو صلعة عزف – كليّة السياحة – بطولة مصر .. إلخ.
Real Life	- Revising all the pre-taught target language and structure in real-life situations.	Consolidation.	Recycle old vocabulary and learn new words.
Remember	A résumé of all the grammar taught the module, followed by a revision of modules 5–8.		

راجـع معلومـاتـك

للتعارف و التحيَّة

اكتب السؤال للإجابة.

أ – ....؟............؟

ب – أهلاً بيك .. أنا اسمي ....
أنا بولندي.

۳ أ – ....؟............؟

ب – في شرق أوروبا. من العاصمة.

ساكن فين؟

أ – ....؟............؟

ب – ساكن في المعادي في شارع ۹.

العيلة

اكتب السؤال الناقص.

أ – ....؟

ب – أيوه متجَوِّز.

أ – ....؟

ب – عندي ۳ أولاد و بنت.

أ – ....؟............؟

ب – أخويا بيشتغل دكتور. لا .. أختي
مابتشتغلش.

أ – ....؟............؟

ب – نمرة ۱۲۹ الدور الرابع.

أ – ....؟............؟

ب – النمرة ۲٥۷۸٤۳۲۹.

بتشتغل إيه؟

أ – ....؟............؟

ب – باشتغل مهندس في مصنع المَعادِي.
قول ٥ وظايف في محل.
قول ٥ وظايف في مستشفى.
قول ٥ وظايف في مكتب.

اكتب الفعل المناسب.

۱ – كلِّ يوم إلهام و سميةً .... قهوة
في الكافيتريا.

۲ – إمبارح أنا .... مزيّكا في
الأوبرا.

۳ – بكرة هيَّ .... أسوان مع عيلتها.
هنسافر
أو
هنتروح

الأمر

كمِّل بفعل مناسب.

١– يا أَحْمَد .... الملفّات.

٢– يا نَجوى .... الأوضة.

٣– منى ما ....ش دلوقْتي.

٤– يا جماعة .... بدْري.

٥– يا عَبدُهْ .... القهْوة.

كمِّل (ماتنساش / إوعي / إوعوا / خليك فاكر).

١– يا أولاد .... تعدُّوا الشارع.

٢– يا ناجِي..................... تاكل حاجة من الشارع.

٣– يا ماجْدة ...إوعي... تضربي أخوكي.

٤– يا مُفيد .... تجيب معاك كوكا!

٥– يا صُبْحي ...خليك فاكر... الأولاد بكرة.

في الكافيتريا

رتِّب الكلمات في الجملة.

١– بس بسرعة / و ٥ شاي / ٢ قرفة / هات لنا / لو سمحت.

للملكيَّة (بتاعك / بتاعة / بتوع).

١– الكتب دول .بتوع....... مين؟

٢– الشنطة دي .... مين يا نهال؟

٣– يا أَحْمَد فين الواجب ....؟

اكتب فين.

(قدَّامك / يمينك / شمالك .. إلخ.

أ– لو سمحت فين المتحف؟

ب– امشي على طول.....................
هتلاقي المتحف.

أ– لو سمحت فين الجزَّار؟

ب– الجزَّار هناك على.....................
جنب الصيدليَّة.

أ– لو سمحت فين الحلَّاق هنا؟

ب– آه .. امشي دوغري لحدّ آخر الشارع هتلاقي على..................... حلَّاق بعد الميدان على طول.

٢– تجيب لنا / و ١ كوكا؟ / شاي / ممكن / لو سمحت.

٣– من فضلك / ٢ شيشة تفّاح / ممكن.

٤– رز بلبن / و ٢ مهلبيَّة / عايزين.

Planning

التخطيط للمُستقبل

اكتب الكلمة الصحّ.

١– بكرة أجازة .... نصحى السّاعة ١١. (عاوز – عاوزين)

٢– هوَّ............. يلعب كورة مع الجيران. (عايزة – عايز)

٣– هيَّ .... تتعلِّم عربي. (عايزين – عايزة)

الشرا و الطلبات

وصَّل (أ) و (ب).

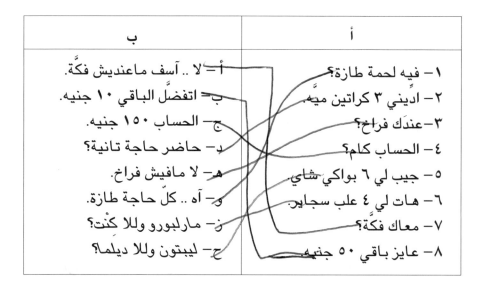

ب	أ
أ– لا .. آسف ماعنديش فكَّة.	١– فيه لحمة طازة؟
ب– اتفضَّل الباقي ١٠ جنيه.	٢– اديِّني ٣ كراتين ميَّه.
ج– الحساب ١٥٠ جنيه.	٣–عندَك فراخ؟
د– حاضر حاجة تانية؟	٤– الحساب كام؟
هـ– لا مافيش فراخ.	٥– جيب لي ٦ بواكي شاي.
و– آه .. كلّ حاجة طازة.	٦– هات لي ٤ علب سجاير.
ز– مارلبورو وللا كِنْت؟	٧– معاك فكَّة؟
ح– ليبتون وللا ديلما؟	٨– عايز باقي ٥٠ جنيه.

اكتب (فيه / مافيهوش / فيها / مافيهاش).

١– الشقَّة ...فيها... ٤ أوض.

٢– أوضة النوم ما ...فيهاش... بالكونة.

٣– المطبخ ما...فيهوش... كنبة.

٤– السلِّم ...فيه... باب.

الالوان

Tenses

اختار كلمة مناسبة.

١– عربيِّتي الجديدة (أحمر – حمرا – لونها أحمر).

٢– أوضة النوم بتاعتي (لونها بنِّي غامق – لونه بنِّي – اسود).

٣– عايز الأرض (لونهم أزرق – أزرق – لونها أزرق).

الملابس

(لابس / لابسة / لابسين) إيه؟

١– همَّ .... فساتين بيضا منقَّطة.

٢– هىَّ .... بنطلون أخضر مشجَّر.

٣– هوَّ .... بدلة سودا مقلِّمة.

Not necessary

اختار الردّ المناسب.

(أ) السؤال	(ب) الرد
١– تقدر تمشي ٥ كم في السّاعة؟ ٢– الجوّ دافي .. ياللا نروح شرم الشيخ. ٣– تيجي نروح الأوبرا النهارده؟ ٤– تحبّ تاكل بيكاتا بالمشروم؟ ٥– بتحبّ تعمل إيه في الأجازة؟ ٦– ياه! الجوّ غيم و مطرة و برد! هنقدر نسافر النهارده؟ ٧– بتعرف كومبيوتر كويِّس؟	أ– مش ضروري نسافر. أنا باحبّ أقعد في البيت. ب– آه .. باعرف كومبيوتر تمام قوي. ج– باحبّ ألعب تنس في النادي. د– لا أنا باحبّ آكل اسْكالوب بانيه. هـ– ماشي بس ما باحبِّش الباليه. و– لا نسافر الغردقة المرَّة دي. ز– طبعاً أقدر دي حاجة سهلة قوي.

الصفات

قول عكس الصفة.

طويل

تخين

غَني

صُغيرَّ

من غير شنب

عجوز

وحش

نَاعَم خشن

بِدقْن

نشيط

فقير

اكتب الفعل في الماضي.

بيحطّ

بيتكلٍّم

بيستعمل

بينضَّف

اكتب الكلمة الصح.

١٠٠٪ دايماً

٩٥٪

٤٥٪

٥٪

٠٪

الوحدة الأولى

١

محتويات الموضوعات في الوحدة الأولى

- تقديم (١) التكلّم عن المعلومات الشخصيَّة.
- تقديم (٢) التكلّم عن تجارب شخصيَّة حدثت في الماضي.

✓ دردش معانا

- تقديم (٣) جُمل افتتاحيَّة للمحادثات و التعرُّف على صديق قديم.

فهرس الكلمات الجديدة في وحدة ١

تقديم (١)

Marital Status

اتولد – درس – اتخرَّج – دخل الجيش – خرج من الجيش – الحالة الاجتماعيَّة

Obligatory Service

– التجنيد – طفل – الجواز – خلف – عاش – جايزة – تاريخ الميلاد

Reward lived *To have Marriage kids*

حياتي – مشوار.

Errand *my life*

تقديم (٢)

Heavy clothes white Desert

الصحرا البيضا – هدوم تقيلة – عين / عيون – واحة / واحات – أعلن – افْتكر

Player overcome prison *Road tent*

– وصل – خيمة – السكة – رجْل – حرامي – جري – سجْن – تغلب – لاعب

Thief *player*

– لعيْبة – علقة سُخنة – طاقيَّة – مسك – غريب – اتسرق.

To hold Become thing Hit aggressively

Stolen *To catch*

تقديم (٣)

They Say about him *Nice*

طابور – عروسة – فرح – غريب – ظريفة – لذيذ – نخلَّص – بيقولوا عليه

Bride *in line*

– تخْلَص – ياترى – قرَّب – آخر – فعلاً – لحظة واحدة – هايل – فكَّر

Think *montez* *oneself* *Really?* *near*

ناسي – عطل.

Forgetter

من واقع الحياة

الطريق الدائري – تاه – خاف – الدنيا مطَّرت – المقابر.

Graves *Raining* *Afraid* *Lost* *Road around Cairo*

تقديم (١)

كلمات جديدة:

ادرس الكلمات دي و اكتب الفعل قدّام الصورة الصحّ.

اتولد – درس في – ~~اتخرّج من~~ – دخل الجيش – خرج من الجيش – اتجوّز
Graduation
– التجنيد – التخرّج – اشتغل – ~~خلّف~~ – الحالة الاجتماعيّة – تاريخ الميلاد.

.... بتخرّج بتجوزو خلفو
.... بيشتغل ....

أنهي فعل بيتكلِّم عن تاريخ الميلاد؟ التجنيد؟ التخرُّج؟ الحالة الاجتماعيَّة؟

اقرا استمارة العمل دي و كوِّن مع المُدرِّس أسئلة ممكن المدير يسألها لمقدِّم الطلب.

أسئلة المدير	استمارة طلب عمل
• اسمك إيه؟	الاسم:
• حضرتك اتولدت إمتى؟	تاريخ الميلاد:
• درست فين؟ إمتى؟	الدراسة الثانويَّة:
• اتخرَّجت إمتى؟	الدراسة الجامعيَّة:

تقديم (١)
مشوار حياتي

my life Story

كلمات مفيدة: مشوار حياتي = قصة حياتي / حياتي = عمري

مُذيعة	أستاذ هشام .. المخرج الكبير .. في الأول مبروك على جايزة الفيلم الجديد السنة دي.
هِشام	شكراً .. ألف شكر.
مُذيعة	ممكن نتكلِّم شويَّة عن مشوار حياتك؟ يعني في الأوِّل اتولدت إمتى؟ بعد كده عشت فين؟ درست إيه؟
هِشام	شوفي يا ستِّي .. أنا اتولدت في اسكندريَّة سنة ٤٥ .. عشت هناك لغاية لمَّا خلَّصت المدرسة.
مُذيعة	و جيت القاهرة بعد كده إمتى؟

هِشام	سبت إسكندرية و جيت القاهرة بعد المدرسة .. و بعدين دخلت الجامعة. درست و اتخرَّجت من معهد السينما سنة ٦٦.

مُذيعة	و عملت إيه بعد كده؟

هِشام	قبل الشغل دخلت الجيش سنة ٦٩. و بعدين لمّا خلَّصت الجيش اشتغلت في ستوديو مصر في نفس السنة .. و بعد كده سافرت برَّة سنة ٧١ .. و لمّا رجعت اتجوِّزت سنة ٧٤ و بعدين خلِّفت ابني الكبير بعد كده بسنة.

مُذيعة	عندك أولاد تاني؟

هِشام	آه .. عندي بنت .. خلِّفت بنتي سحر بعد ابني الكبير بسنتين.

لاحظ القواعد

(١) للتعارف

بنسأل معلومات عن	أسلوب السؤال
تاريخ الميلاد.	اتولدت إمتى؟ فين؟
الدراســـة.	دخلت المدرسة إمتى؟ فين؟
	دخلت الجامعة إمتى؟ درست إيه؟
	اتخرَّجت إمتى؟ اتخرَّجت منين؟
التجنيد / الجيش.	دخلت الجيش / خرجت من الجيش إمتى؟
الشغـــل.	اشتغلت إيه؟ اتعيِّنت فين؟
الحالة الإجتماعيَّة.	اتجوِّزت؟ إمتى؟
	عَنْدَك أولاد؟ خلِّفت أوِّل طفل إمتى؟

(٢) لترتيب الأحداث الزمنيَّة بتستعمل الكلمات دي

في الأول – قبل – بعد – و بعدين – لمَّا – بعد كده.

(٣) ممكن نقول

سَنـة أُسبوع شهْـر ساعة ٥ دقايق	بـ	بعد كَدَه قبل كَدَه

التدريبات
تدريب (١ – أ)

اختار الكلمة المناسبة.

١– ناجي .... سنة ١٩٥٠. هوَّ دلوقتي راجل عنده ٥٨ سنة و متجوِّز.

[خلِّف – عاش – اتولد]

٢– سَميرة بتشتغل دكتورة من ٣٠ سنة. هيَّ .... من كليِّة الطب سنة ١٩٦٠.

[خلِّفِت – اتخرَّجِت – عاشت]

٣– أيوه سُهير .... ٣ أولاد و عندها كمان بنت صغيِّرة.

[عاشِت – خلَّفِت – درسِت]

٤– إنت .... من الجيش إمتى؟

[اتخرَّجْت – خرجْت – دخلْت]

٥– أنا .... في اسكندرية لحدّ ما خلَّصت المدرسة.

[خلِّفت – اتخرَّجت – عِشت]

٦– منال .... من كليّة التجارة و بعدين .... في بنك بعد كده.

[اتخرّجت – درست] [درست – اشتغلت]

٧– حضرتك عندك كام سنة بالظبط؟ .... إمتى؟

[خلّفْت – اتجوّزت – اتولَدْت]

٨– عَندِك ٤ أولاد! ياخبر!! ليه .... إمتى؟

[درسْتِي – اتجوِّزْتي]

صحّح مع زميلك.

٣

تدريب (١ – ب)

الجارة الجديدة

استماع: دى جارة سميرة الجديدة.

همَّ فين؟ همَّ يعرفوا بعض قبل كده؟

سميرة ساكنة فين؟

اسمع مرَّة تانية و كمّل الجملة.

١– نوريكو .... في ....

٢– هيَّ درسِت في .... هيَّ بتشتغل ....

٣– نُورِيكو عايزة .... عربي. هيَّ مش ....

٤– سميرة .... و عندها ....

٥– هيَّ درسِت في .... و اشتغلت ....

تدريب (١-ج)

اتكلّم مع زملائك في الفصل أو في القهوة و اسْأل الزملاء عن المعلومات دي.

١- جون .... سنة ١٩٨٠. ٢- ٣- ٤-					

اخْتار اسم زميل أو اثنين و قدّمهم للفصل و اسْتعمل المعلومة اللي عرفتها عنهم زيّ المثال.

جُون اتولَد سنة .... و دخل المدرسة سنة .... و اتخرَّج سنة ....

نصّ الاستماع لتدريب (١- ب)

سَميرة: حضرتِك جارِتْنا الجديدة هنا مش كده؟ تحبِّي أشيل معاكي حاجة؟

نُورِيكو: ممكن .. متشكِّرة قوِي. أنا جارتكو الجديدة. أنا جيت هنا من أُسبوع بس.

سَميرة: أهلاً و سهلاً .. أنا اسمي سميرة. ساكنة في شقّة ٦١ قدّامِك على طول و حضرتِك اسمك إيه؟ و إنتي منين؟

نُورِيكو: أنا اسمي نوريكو. أنا يابانيَّة. اتولدت في مدينة هيروشيما. و إنتي متجوِّزة؟ عندك أولاد؟

سَميرة: آه .. أنا متجوِّزة .. اتجوِّزت من ٦ سنين. و خلفت الولدين بعد كده.

نورِيكو: و درسْتي إيه قبل كده؟

سَميرة: أنا درست في كلِّية الحقوق و اتخرَّجت من ٧ سنين و بعدين اشتغلت محاميَّة .. و إنتي؟

نُورِيكو: أنا مش متجوِّزة. أنا هنا عشان أدرس عربي لكن أنا درست في كلِّية الآداب .. و لمّا اتخرَّجت من سنتين اشتغلت صحفيَّة في مجلة .. و عايزة أدرس عربي عشان الشغل بتاعي.

سَميرة: آه .. بتذاكري عربي علشان الشغل. طيِّب أهلاً و سهلاً بيكي في مصر .. و أنا ممكن أساعدك في العربي كمان. ضروري تتفضَّلي عندنا و تشربي شاي.

نُورِيكو: إن شاء الله .. متشكِّرة قوي .. فرصة سعيدة.

دلوقتي اقرا الحوار و كرَّره مع زميلك.

٤

تقديم (٢)

الصحرا البيضا

كلمات مفيدة: الصحرا البيضا / هدوم
تقيلة / عين – عيون / واحة – واحات

اسْمع وكرَّر

نَجْلاء	انْبسطتْ في الرحْلة إمبارح يا مُعْتز؟
مُعْتزّ	آه .. انْبسطتْ قوِي. رحنا الواحات و الصحرا البيضا.
نَجْلاء	الصحرا البيضا؟ الصحرا البيضا دي فين؟
مُعْتزّ	بعد واحة سيوة .. في الجنوب كده .. و قبل الفرافرة بشويّة.
نَجْلاء	ياه! احْكي لي روحتوا إزّاي؟ و عملتوا إيه؟ شفتوا إيه؟
مُعْتز	شوفي يا ستِّي .. طبعاً أنا يوم الرحلة حضرّت شنطتي و أخدت معايا هدوم تقيلة عشان قالوا لي هناك برد بالليل .. و قمنا الساعة ٨ بالليل من قُدّام الشركة .. و سافرنا طول الليل.
نَجْلاء	قعدتوا قدّ إيه في السكّة؟
مُعْتزّ	قعدنا حوالي ٦ ساعات .. يعني الأتوبيس وصل الفجر مرسى مطروح. دخلنا الفندق و نمنا على طول .. و صحينا حوالي الساعة ١٠ نزلنا فطرنا .. و ركبنا الأتوبيس تاني .. و وصلنا واحة سيوة الساعة ١ الضُّهر.

نَجْلاء و شفتوا إيه هناك؟

مُعْتز شفنا عيون سُخْنة و عيون ساقعة .. هناك فيه حوالي ٢٠٠٠ عين.

نَجْلاء و اتْفرَّجتوا هناك على الصحرا البيضا؟

مُعْتزّ لا ..لا.. إحنا ركبنا بعد كده عربيّات جيب و دخلنا الصحرا .. و قبل واحة الفرافرة بشويَّة بحوالي ٦٠ أو ٧٠ كم وصلنا و شفنا الصحرا البيضا. لونها أبيض و جميل .. و عملنا هناك خيمة و نمنا يومين في الصحرا. لازم تيجي معانا المرّة الجايّة يا نجلاء.

نَجْلاء إن شاء اللّه يا مُعْتزّ .. لازم أشوف الصحرا البيضا دي شكلها إيه!

لاحظْ القواعد

الفعل الماضِي الصحِيح

	٥		٦	
	كَتَب	رِكِب	حَضَّر	سَافِر
أنا	كَتَبْت	رِكِبْت	حَضَّرْت	سَافِرْت
إنت	كَتَبْت	رِكِبْت	حَضَّرْت	سَافِرْت
إنتي	كَتَبْتي	رِكِبْتي	حَضَّرْتي	سَافِرْتي
هوَّ	كَتَب	رِكِب	حَضَّر	سافِر
هىّ	كَتَبِت	رِكْبِت	حَضَّرِت	سافْرِت
إحنا	كَتَبْنا	رِكِبْنا	حَضَّرْنا	سافِرْنا
إنتو	كَتَبْتوا	رِكِبْتوا	حَضَّرْتوا	سافِرْتوا
همَّ	كَتَبوا	رِكْبوا	حَضَّروا	سافْروا

٧		٨		٩	
أعْلَن (Announce(v.))	اِتْفَرَّج على	اِتقابِل مع	اِنْبَسَط	اِفْتَكَر	اِسْتَعْمِل
أعْلَنْت	اِتْفرَّجْت على	اِتقابِلْت مع	اِنْبَسَطت	اِفْتَكَرْت	اِسْتَعْمِلت
أعْلَنْت	اِتْفرَّجْت على	اِتقابِلْت مع	اِنْبَسَطت	اِفْتَكَرْت	اِسْتَعْمِلت
أعْلَنْتي	اِتْفرَّجْتي على	اِتقابِلْتي مع	اِنْبَسَطْتي	اِفْتَكَرْتي	اِسْتَعْمِلْتي
أعْلَن	اِتْفرَّجْ على	اِتقابِل مع	اِنْبَسَط	اِفْتَكَر	اِسْتَعْمِل
أعْلَنت	اِتْفرَّجت على	اِتقابِلْت مع	اِنْبَسَطت	اِفْتَكَرت	اِسْتَعْمِلت
أعْلَنّا	اِتْفرَّجْنا على	اِتقابِلْنا مع	اِنْبَسَطْنا	اِفْتَكَرْنا	اِسْتَعْمِلْنا
أعْلَنْتوا	اِتْفرَّجْتوا على	اِتقابِلْتوا مع	اِنْبَسَطْتوا	اِفْتَكَرْتوا	اِسْتَعْمِلْتوا
أعْلَنوا	اِتْفرَّجوا على	اِتقابْلوا مع	اِنْبَسَطُوا	اِفْتَكَروا	اِسْتَعْمِلوا

الفعل الماضي المعتلّ

	١٠	١١			١٢
	الأول	النصّ			الآخر
	وصل	(أ) نـام	(و) شاف	(ى) شال	صِحي
أنا	وِصِلْت	نِمْت	شُفْت	شِلْت	صِحِيت
إنت	وِصِلْت	نِمْت	شُفْت	شِلْت	صِحِيت
إنتي	وِصِلْتي	نِمْتي	شُفْتي	شِلْتي	صِحِيتي
هوَّ	وِصِل	نـام	شَاف	شَال	صِحِي
هىَّ	وِصِلْت	نـامِت	شَافِت	شَالِت	صِحِيت
إحنا	وِصِلْنا	نِمْنا	شُفْنا	شِلْنا	صِحِينا
إنتو	وِصِلْتوا	نِمْتوا	شُفْتوا	شِلْتوا	صِحِيتوا
همَّ	وِصْلوُا	ناموا	شَافوا	شالوا	صِحْيُوا

الفعل الثلاثي المهموز

	١٣		١٤	
	في الأول		في النص	في الآخر
	أخد / خد	**أكل / كل**	**سأل**	**قرأ= قرا**
أنا	أَخَدْت / خَدْت	أكلت / كلت	سَأَلْت	قَريْت
إنتَ	أَخَدْت / خَدْت	أكلت / كلت	سَأَلْت	قَريْت
إنتي	أَخَدْتي / خَدْتي	أكلتي / كلتي	سَأَلْتي	قَريْتي
هوَّ	أَخَد / خَدْ	أكل / كل	سَأَلْ	قَرا
هيَّ	أَخَدت / خَدت	أكلت / كلت	سألت	قَرت
إحنا	أَخَدْنا / خَدْنا	أكلنا / كلنا	سَأَلْنا	قَريْنا
إنتو	أَخَدْتوا / خَدْتوا	أكلتوا / كلتوا	سَأَلْتوا	قَريْتوا
همَّ	أَخَدوا / خَدُوا	أكلوا / كلوا	سَأَلُوا	قَرُوا

الفعل الثلاثي المضعّف

١٥

حطّ							
أنا	إنتَ	إنتي	هوَّ	هيَّ	إحنا	إنتو	همَّ
حَطّيت	حَطّيت	حَطّيتي	حَطّ	حَطِّت	حَطّينا	حَطّيتوا	حَطُّوا

نفي الماضي

إنت ركبت تاكسي؟ لا .. مارْكِبْتِش تاكسي رِكِبْت أُتوبيس.

لا + ما + فعل ماضي + ش

التدريبات

١٦

تدريب (٢ – أ)

كلمة مفيدة: رِجْل

اختار الفعل المناسب للحوار (ممكن تستعمل الكلمة أكتر من مرَّة).

زار – عمل – كلِّم – قابل – سافر – جاب – اشترى – أخد – اتغدَّى – شاف.

(أ)	(ب)
١– .... إيه أول إمبارح؟	أول إمبارح .... سامِر في المستشفى عشان كسر رِجْله!
٢– .... عادل إمبارح؟	لا .... لكن .... في التليفون.
٣– السنة الي فاتِت إنتو .... فرنسا. مش كده؟	لا إحنا .... فرنسا. إحنا .... مالطا.
٤– .... الجاكتَّة دي منين يا نَوال؟	من بوتيك نانا و .... الجيبة دي من محل جنبه.
٥– .... الأكل كلُّه خلاص؟	آه .... كلّ حاجة بس ممكن تشتري لي فاكهة؟

٦- أخدتي أجازة الأُسبوع اللي فات؟	لا أنا .... أجازة الأُسبوع اللي فات خالص.
٧-تيجي نتغدَّى في مطعم تِكّا؟	لا شكراً أنا .... خلاص.
٨- .... فيلم بـاحبّ السيمَا؟	لا .... الفيلم ده! هوَّ في أنهي سينما؟

اسمع و صحَّح.

١٧

تدريب (٢ - ب)
عَلْقة سُخْنة

overcome

كلمات مفيدة: يجري / جِري / يغلب / لاعب / لعيبة
/ علقة سُخْنة / طاقيَّة / مِسك / غريب / اتسرق
Hat   Hit hard

اسمع الحوار و جاوب.
١- مايْسة و بـاسِم اتْسرقوا؟
٢- اسمع و رتب الصور مع زميلك.
٣- كمِّل الجُمل دي:
• مايسة بتقدر ....
....
• بتعرف ....
.... كويِّس قوي.
• هيَّ أخدِت .... من النادي.

٤- مايْسة أخدِت الجايْزة ليه؟

٥- هيَّ و باسم راحوا فين إمبارح؟ ليه؟

٦- الحرامي فين دلوقتي؟

٧- احكي لزميلك حصَل إيه.

٨- اعكس الأدوار و زميلك يحكي الحكاية مرَّة تانية.

تدريب (٢ - ج)

(أ) اختار موقف من المواقف دي. اعمل حكاية و قول لزميلك حصل إيه في الموقف ده.

استعمل الكلمات المساعدة اللي في الصور.

موقف (١)

كلمات مساعدة

- عيد ميلاد/ اتأخَّر
- طابور/ زحمة
- مافيش تذاكر
- اتخانق
- استنّيت كتير

موقف (٢)

كلمات مساعدة

- سمكة كبيرة
- وِقِعْت
- ماباعرفش أعوم

موقف (٣)

كلمات مساعدة

- القطر قام
- نِسِي ابنه
- جِري
- نِزِل

موقف (٤)

كلمات مساعدة

- مكتبة / أخدت كتاب
- قريت حكاية
- ضرب
- تاكسي
- قسم البوليس

موقف (٥)

كلمات مساعدة

- الأكل بتاعي
- مِسِك
- خُفْت
- جِرِي

موقف (٦)

كلمات مساعدة

- شفْت بنْت حلوة
- عزمْت
- ميعاد
- مُقابْلة

(ب) احْكي لزميلك عن موقف حصلَّك في الماضي.

استماع (٢ – ب)

حَنان   ياخبر يا مايسة! إيه الحكاية؟ إزّاي ده حصل؟

مايْسَة   شوفي يا ستّي .. إمبارح النادي عمل لي حفلة كبيرة عشان أخدْت جايْزة في الكاراتيه و كسبْت كمان جايزة تانية عشان قدرت أجرِي ٦ كم في رُبع ساعة.

حَنان   صحيح؟ .. ألف مبروك! أنا عارفة .. إنتي شاطرة قوي في الكاراتيه و الجَرْي و بتغلبي كلّ اللعيِّبة.

مايْسَة   طبعاً باسم جوزي انبسط جداً و عزمني في فندق كونكورد .. فاتعشينا .. و رقصنا و رجِعْنا البيت متأخَّر قوي.

حَنان   طيب برافو عليكم .. هه .. و بعدين؟

مايْسَة   وصلْنا البيت .. لقيت باب الشقة مفتوح شويَّة و شفت التليفزيون بتاعنا برَّة باب الشقَّة و شفنا واحد لابس طاقيَّة و شكله غريب جوَّة الشقة.

حَنان   ياخبر! .. مش معقول! و بعدين؟

مايْسَة   طبعاً جوزي فتح الباب بسرعة .. و ضربُه .. بسّ الحرامي ضربْنا برْضه .. طبعاً أنا استعملت الكاراتيه بتاعي و ضربْته علْقة سخْنة .. بسّ هوَّ جِري في الشارع.

حَنان   جِري في الشارع .. طيِّب و عملتي إيه؟

مايْسَة   جِريت وراه بسرعة و مسِكْته .. و جوزي أخدُه للبوليس .. و الحمدُ للّه ما سرَقْش حاجة.

حَنان   الحمدُ للّه. و هوَّ طبعاً في السجن دلوقتي .. مش كده؟

١٨

تقديم (٣)

شفتك فين قبل كده؟

دول ناس أوِّل مرَّة يشوفوا بعض في الطابور.

اسمع الحوار.

صفْوَت	ياه! .. الطابور قدّام البنك طويل قوي .. إحنا مش هنروح النهارده وللا إيه؟
نُها	آه .. فعلاً أنا كمان هنا من بدري من السَّاعة ٨ الصبح و دلوقتي السَّاعة ١ الضُّهر.
صفْوَت	دايماً البنك زحمة السّاعة ١ الضُّهر عشان بيقفل السّاعة ٢.
نُها	و خصوصاً قرب آخر الشهر. دايماً البنك زحمة قرب آخر الشهر.
صفوت	آه .. فعلاً .. لكن حضرتِك شكلِك مش غريب عليّا. أنا شفتك فين قبل كده؟
نُها	مش فاكرة .. لكن برضه حضرتَك شكلَك مش غريب عليّا .. بس مش متأكِّدة شفتك فين.
صفْوَت	إم .. إم .. آه أقولك .. يمكن شفتك في كورس الكومبيوتر السنة اللي فاتت مع أستاذ مُسْعَد .أنا اسمي صفوت خيري.
نُها	آه .. صحيح يا صفوت .. أنا آسْفَة! ماعرفتكش في الأول.
صفْوَت	أيوه. طبعاً عشان تخنت شوَيَّة .. و دلوقتي عندي دقن و أصلع شوَيَّة.
نُها	لا ماتخنتش قوي .. طيِّب دي فرصة سعيدة قوي!
صفْوَت	و أنا أسعد.

جاوب على الأسئلة.

١- همَّ فين؟

٢- همَّ في أوّل الشهر وللا في آخر الشهر؟

٣- همَّ يعرفوا بعض قبل كده؟ منين؟

٤- صفوت اتغيّر في إيه؟

لاحظ معنى العبارات دي

اقرا و اختار المعني الصحيح.

Upset

ياه! .. الطابور ده طويل قوي.	يعني	هوَّ مدّايق عشان هيتأخَّر. هوَّ مبسوط عشان هيمشي بسرعة.
إحنا مش هنروَّح وللا إيه؟	يعني	هوَّ عايز يعرف هيروَّح إمتي؟ هوَّ مدّايق عشان هيتأخَّر.
شكلك مش غريب عليَّا؟	يعني	هوَّ شافها قبل كده؟ متأكِّد؟ هوَّ فاكر اسمها أو شافها فين؟
أنا شفتك فين قبل كده؟	يعني	هوَّ شاف الست دي قبل كده؟ متأكِّد؟ هوَّ عارف إمتي؟ و فين شاف الست دي؟
أنا برضه باقول كده.	يعني	أنا مش موافق على الكلام ده. أنا موافق و باقول نفس الكلام ده.
فرصة سعيدة!	يعني	مبسوط عشان قابلتك. بيتكلِّم عن واحدة اسمها فرصة سعيدة.

و أنا أسعد.	يعني	هوَّ بيقول أنا اسمي أسعد. هوَّ بيقول أنا كمان مبسوط عشان شفتك و قابلتك.

التدريبات

١٩

تدريب (٣ - أ)

كلمات مفيدة: ياترى؟ / أغلب الناس

دي صور لمواقف مختلفة. ناقش مع زميلك إيه المواقف دي.

١- اقرا و اختار الردّ المناسب لكلّ جملة.

٢- ناقش مع زميلك أنهي جملة مناسبة للموقف.

٣- اسمع و صحَّح الجمل.

١– الحفلة دي ظريفة قوي.

٢– إحنا هناخد وقت عشان نتكلّم عربي كويّس مش كده؟

٣– أنا شفت حضرتك فين قبل كده؟

٤– شكل حضرتك مش غريب عليّا؟

٥– شفتي العروسة قبل كده؟

٦– يا ترى مدرِّس العربي ده كويِّس؟

– آه .. بيقولوا عَليه مدرِّس كويِّس.

– آه .. إحنا اتقابلنا في حفلة قبل كده.

– اتكلِّم مع المصريين كتير و إنت هتتعلِّم بسرعة.

– شفنا بعض في فرح قبل كده الأُسبوع اللي فات.

– مش متأكدة شفتها فين قبل كده! لا مش فاكرة.

– آه و الأكل كمان لذيذ قوي.

٢٠

تدريب (٣ – ب(١))

أصحاب من زمان

اسمع الحوار ده.

جاوب على الأسئلة.

١– همَّ من أنهي بلد؟

٢– همَّ راحوا أنهي مدرسة؟

٣– صُبْحي عنده أخ؟ اسمه إيه؟

٤– أسامة اسمه .... ليه؟

اسمع مرّة تانية و كمِّل.

١– لو سمحت لحظة واحدة .... أنا ....؟

٢– لا! في الحقيقة أنا مش .... لا مش متأكِّد ....

٣- أنا .... قبل .... فين؟

٤- أهلاً و سهلاً دي ....؟

٥- و أنا ....

اقرا الحوار و كرَره مع زميلك مرَة تانية بالتبادل.

اختار المعنى الصحّ.

إزّاي الكلام ده؟	يعني	هوَ بيسأل سؤال؟
		هوَ مش موافق؟ هوَ عنده رأي تاني؟
شفــت إزّاي؟	يعني	هوَ كلامه صحّ؟
		هوَ عنده رأي؟ هوَ بيقول إنّ رأيه صحّ؟

I Agree (handwritten note pointing to هوَ مش موافق)

تدريب (٣ - ب(٢))

Conve. Dialogue (handwritten note)

إنت أوَل مرَة تشوف شخص في مواقف مختلفة.

استعمل المواقف و الكلمات المساعدة دي عشان تبتدي محادثة مع زميلك زيَ المثال:

الموقف

١- طابور في السينما.

كلمات مساعدة

Asking about possibility يري "ممكن"؟ (handwritten note)

طالب (أ): الطابور/ فيلم كويَس/ ياترى

طالب (ب): بيقولوا في الجورنال

المحادثة

طالب (أ): الطابور ده مش هيخلص؟ ياترى الفيلم ده كويِّس؟

طالب (ب): بيقولوا عليه في الجورنال فيلم هايل قوي.

كلمات مساعدة	الموقف
طالب (أ) حفلة ظريفة / الحفلة زحمة / الأكل كتير. طالب (ب) حفلات الكريسماس كلّها / مزِّيكا حلوة / هايل.	٢- في حفلة
طالب (أ) كويِّس / المدرس / بيقولوا عليه. طالب (ب) زميلي / قبل كده / درس / مش بطّال.	٣- أوّل يوم في الدورة في الفصل
طالب (أ) التذاكر / الطابور / غالية / الفريق. طالب (ب) خسران / كسبان / اللعبة الحلوة.	٤- ماتش كورة في الاستاد
طالب (أ) اتأخَّرت .. كمِّل. طالب (ب) يمكن قدّامنا ساعة كمان .. كمِّل.	٥- في السنترال عشان تدفع فاتورة التليفون
طالب (أ) التذاكر خلصت .. طالب (ب) تذاكر بَلْكون ..	٦- عايزين تشتروا تذاكر للأوبرا
طالب (أ) ساكن في اِمبابة .. طالب (ب) اتخرَّجت من جامعة القاهرة ..	٧- شفت صديق (صاحب) قديم

تدريب (٣ - ج)

تمثيل

(أ) إنت ماشفتش زميلك من زمان .. قابلته في المواقف دي:

١- كان ساكن جنبك أيّام المدرسة.

٢- درستوا مَع بعض في الجامعة.

٣- كنتوا ساكنين في نفس الأوضة.

٤- روحْتوا رحلة مَع بعض قبل كده.

٥- كاَن بيلعب معاك تنس كتير في النادي زمان.

٦- كنتوا بتشتغلوا مَع بعض في شركة واحدة.

(ب) اعمل حوارات و استعمل العبارات الجديدة.

....

....

....

(ج) فكّر في مواقف تانية من عندك.

....

....

....

(د) اعمل محادثة مَع زميل لأول مرّة تشوفه في المواقف دي:

١- المترو زحمة قوي و مافيش مكان عشان تقف.

٢- عايزين تشتروا تذاكر قطر و الطابور طويل.

٣- قابلته في حفلة لأوِّل مرَّة و بتتكلِّم عن الناس و الحفلة.

٤- الطيَّارة اتأخَّرت و إنت في صالة الترانزيت.

٥- الأتوبيس عطِل و إنت عايز تروح شرم الشيخ.

٦- الأسانسير عطلان و إنتوا قدّام باب الأسانسير و عايزين تطلعوا.

(هـ) فكّر في مواقف تانية من عندك.

....

....

نصّ الاستماع لتدريب (٣ - ب(١))

أُسامة	لو سمحت لحظة واحدة .. أنا شفتك قبل كده؟! صحّ؟
صُبحي	لأ !! في الحقيقة أنا مش فاكر .. إم .. لا لا مش متأكِّد شفتك قبل كده وللا لأ ..
أُسامة	لأ... إزَاي الكلام ده؟! شكلك مش غريب عليّا..أنا ما انساش حدّ أبداً .. أنا متأكّد شفتك قبل كده .. بس فين؟ .. فين؟ آه .. إنت عشت في طنطا؟
صُبحي	آه .. أنا اتولدت في طنطا و عشت هناك مدّة.
أُسامة	و دخلت مدرسة ثانوي بعد كده؟ مدرسة سعد زغلول؟
صُبحي	آه .. مظبوط درست في المدرسة دي و بعدين سبت طنطا عشان أدخل جامعة القاهرة و اتخرّجت من هناك.
أُسامة	شفت إزاي؟ و عندك أخّ اسمه حسين.. صحّ؟
صُبحي	أيوه .. أيوه مظبوط عندي أخّ اسمه حسين. اللّه!! إنت مين؟ أسامة! .. أسامة أبو طويلة؟
أُسامة	بالظبط يا سيدي .. أنا أسامة أبو طويلة .. أطول واحد في الفصل. فاكر؟ وللا ناسي؟
صُبحي	آه .. مظبوط .. مظبوط .. أهلاً و سهلاً! إزيّك ياراجل؟ .. دي فرصة سعيدة قوي.
أُسامة	و أنا أسعد .. و إيه أخبارَك؟

من واقع الحياة

الاستماع

Circular Road / Beltline

كلمات مفيدة (الطريق الدائِري) / تاه / الدنيا مطَّرت / المقابر / خاف / لقيت / اتصرَّفت / عندي حرارة

ليلة مش تمام

(أ) سوسن زارت أخوها بهاء.

بُصّ للصورة و ناقش زميلك:

١- إيه مشكلة بهاء؟

٢- هوَّ فين دلوقتي؟

٣- ليه؟

(ب) اسمع و اعرف الرد على الأسئلة دي.

(ج) اسمع و جاوب.

١- بهاء انبسط مع أصحابه؟

٢- هوَّ روَّح البيت بدري وللا متأخَّر؟ ليه؟

٣- إيه اللي حصل؟

٤- هوَّ أخد برد ليه؟

٥- سوسن هتعمل إيه؟

٦- هوَّ صلَّح العربية؟

(د) خطّ خط تحت الكلمة الصح.

"هوَّ عنده انفلونزا من إمبارح." يعني

١- هوَّ أخد انفلونزا (إمبارح / النهارده / أول إمبارح).

٢- هوَّ (النهارده كويِّس / لسّة عنده انفلونزا).

نصّ الاستماع لواقع الحياة

سَوْسن	إيه فيه إيه يا بهاء؟ مالَك؟ حصل إيه؟
بَهاء	أنا تعبان قوي يا سوسن.
سَوْسن	ليه بس؟ ليه تعبان قوي كده؟
بَهاء	يوم الجمعة رحت أنا و أصحابي و اتعشّينا في مطعم جنب سقّارة و الهرم .. و الحمد للّه أكلنا .. و ضحكنا .. و سمعنا مزيكا.. و انبسطنا قوي.
سَوْسن	طّيب و إيه المشكلة؟
بَهاء	وصلّْت أصحابي بيوتهم .. و شفت شارع صغيرً مشيت فيه و قلت ده هيوصلّني للطريق الدائِري بسرعة.
سَوْسن	ماشي. و بعدين؟
بَهاء	دخلت في الشارع ده و سُقت شويّة. لقيت نفسي في حتّة غريبة قوي .. سُقت كتير و الدنيا مطّرت عليّا و العربيَّة عطْلت في المطرة.
سَوْسن	و عملت إيه في الموقف ده؟
بَهاء	نزلت من العربيَّة .. و دوَّرت على حدّ يساعدني أو يقول لي أنا فين .. مالقيتْش حدّ أبداً .. وصلْت لغاية المقابر تقريباً .. و طبعاً خُفت قوي عشان تُهت .. و كمان أخدت برد عشان مالبستش تقيل.
سَوْسن	و بعدين يابهاء اتصرّفت إزّاي؟
بَهاء	شفت نور من بعيد و جريت و الحمد للّه وصلت للطريق الدائِري و أخدت

تـاكسِي و روّحت. بس أخدت انفلونزا و تعبت قوي .. و دلوقتي عندي حرارة ٣٨ من إمْبارح.

سَوْسن طيِّب معلش. أنا هاعملك شورْبة هايلة دلوقتي. المهم .. صلَّحت العربيَّة؟

القراءة

إقرا الإعلان عن الفيلم.

المركز الثقافي الفرنسي

الفيلم: ناصر ٥٦: يوم الأربعاء السَّاعة ٨ بالليل

في سينما التحرير.

مين هوَّ ناصر؟

– اتولد في ١٥ يناير سنة ١٩١٨ في اسكندرية.
– دخل المدرسة في أسيوط سنة ١٩٢٣.
– اتخرَّج من المدرسة بعد ١٣ سنة.
– دخل كليّة الحقوق لكن ساب الكليَّة ودرس في الكليَّة الحربيّة واتخرَّج منها سنة ١٩٣٩.
– أوّل ماتخرَّج إتجوِّز وخلِّف أوِّل ابن.
– قام بثورة مع الضبّاط المصريين ضد الإنجليز و الملك سنة ١٩٥٢.
– بقى رئيس للجمهورية في نفس السنة.
– خلِّف بعد الثورة ابنه التاني و بعد كده خلِّف بنتين.
– مات سنة ١٩٧٠.

جاوب.

١- مين هوَّ؟

٢- اتولد إمتى؟

٣- درس فين؟

٤- اشتغل إيه؟

٥- مات إمتى؟

٦- الفيلم كان إمتى؟

الكتابة

عايز وظيفة

ده موظَّف جديد بيقابل المدير. كمِّل الحوار. هوَّ بيقول إيه للموظَّف؟

١- اقرا الردّ بتاع الموظَّف.

٢- اكتب أسئلة المدير.

مدير .... ؟

موظَّف اتولدْت سنة ١٩٦٠.

مدير .... ؟

موظَّف في جامعة عين شمس.

مدير .... ؟

موظَّف اتخرَّجت من ٤ سنين.

مدير .... ؟

موظَّف درسْت المحاسبة.

مدير .... ؟

موظَّف أيوه درسْت لغات. درسْت إنجليزي و فرنساوي.

مدير .... ؟

موظَّف اشتغلْت في البنك الأهلي.

مدير .... ؟

موظَّف درسْت كومبيوتر طبعاً و باعرف اشتغل عليه كويِّس.

مدير .... ؟ .... ؟

موظَّف أيوه متجوِّز. و عندي بنتين و ولد .. و مرتّبي ٢٠٠٠ جنيه في الشهر.

٣- صَحح مع زميلك.

الكلام

موقف (١)

طالب (أ) إنت قابلت صديقة قديمة و عرِفْتها.

طالب (ب) إنت مش فاكر شفتها فين قبل كده؟

حاولوا تتعرَّفوا على بعض.

موقف (٢)

طالب (أ) إنت أستاذ الفصل عايز تتعرَّف على الطلبة بتوعك.

طالب (ب) إنتوا بتقولوا للمدرِّس معلومات عن نفسكم.

طالب (ج) حاول تقدِّم نفسك و تقدِّم زميلك.

موقف (٣)

١- إنت رجعت من أجازة الصيف. احكي لزميلك عملت إيه في أجازة الصيف.

٢- اسأل زميلك عن أجازتُه.

٣- حاول تقول موقف أو حادثة حصلت لك في الأجازة دي.

افتـــكر

	١- الفعل الماضي	النفي
أنا	فكر ....ت	ما .... تِشْ
إنتَ	..........................ت	ما .... تِشْ
إنتي	..........................تي	ما .... تيش
هوَّ	عمل اي	ما .... شْ
هيَّ	..........................تِ	ما .... تْشْ
إحنا	..........................نا	ما .... ناشْ
إنتوا	..........................توا	ما .... تُوشْ
همَّ	..........................وا	ما .... وشْ

٢- عشان أعرّف نفسي أو أعرف معلومات عن الناس:

اتولدْتْ فين؟   عشْتْ فين؟   درسْتْ إيه؟   اتخرَّجْتْ إمتى؟

اشتغلْتْ إيه؟   اتجوِّزْتْ؟   عندك أولاد؟

أنا اتولدت في .... و درست في.......... و بعدين.......... و لمّا اتخرَّجت..........

٣- للتعرف على صديق ما شفتهوش من زمان:

- شفْتك فين قبل كده؟
- شكْلك مش غريب عليَّا؟

الوحدة التانية

محتويات الموضوعات في الوحدة التانية

- تقديم (١) وصف الصور و المناظر.
- تقديم (٢) وصف الناس و المهنة.

درردش معانا

- تقديم (٣) السؤال عن الأشياء و وصفها – تعبيرات مشهورة.

فهرس الكلمات الجديدة في وحدة ٢

تقديم (١)

شكلهم فرعوني – ماسك – فاس – يستريح – رافع – فلاح / فلاحة – مناظر

They took like pharaons *Rich* *Holder* *Hoe* *Lifter* *Farmer*

– يوصف – حالة – من الصبح بيذاكر – باصّ – يحلق – حاطط رجل على رجل

Put leg on leg *Cross your legs* *From morning he study* *look at* *Shave* *condition*

– تاج – مَلِك / مَلِكة.

تقديم (١أ)

جدّ / جدة - عمّ / عمّة – خال / خالة – كتف – ساند – بنت – ابن عمّ – بنت خال

Grandma *Grand Pa* *Support*

– ابن خال – أولاد عمّ – أولاد خال – يعيّد.

تقديم (٢ب)

يوم العيد – لعبة – طول الوقت – اوصف – بالتبادل.

The day of feast *Game* *All the time* *Alternatively*

◄ دردش معانا

تقديم (٣)

حظّ – أم شعر أحمر – أبو دقن – خلّاط – عُقْد – فرصة شغل – ورايا مشوار

Luck *I have errand* *Work opp.* *Necklace*

– تحت أمرك – قُدّامي فرصة – معاك ٥ دقايق – مستعجل – للأسف – بجدّ.

Really

<u>من واقع الحياة</u>

اتأخّرت عليك – راجل أصلع – قُماش – ميزان – الراجل المسكين – الاستقبال

Poor man *Fabric materials* *Scale*

– مش معقولة.

تقديم (١)

٢

صورة مصريَّة

اسمع و كرّر مع المدرّس.

مارك	صوَّرت الصورة دي فين يا جيمس؟
جيمس	صوَّرت الصورة دي في قرية جنب الأقصر .. لمّا سافرت هناك عشان اتفرَّج على معبد الأقصر و الحمد للّه اتفرَّجت على المعابد الجميلة كلّها.
مارك	والصورة الجميلة دي فين؟
جيمس	في قريَة جنب الأقصر. شوف الناس شكلهم فرعوني. مصري قوي.
مارك	آه .. صحيح .. و شوف فيه ناس كتير بتشتغل في الأرض.
جيمس	آه .. طبعاً. الناس هناك بتشتغل طول النهار. بُصّ الفلاّح ده راكب حمار و ماشي جنبه ابنه الصغيَّر .. ضروري بيساعد أبوه.
مارك	وشوف الفلاحين دول قاعدين تحت الشجرة لازم بيستريَّحوا من الشمس و الشغل .. و واحد جنبهم نايم كمان هناك شوف.
جيمس	طبعاً لازم يستريَّحوا شويّة .. عشان بيتعبوا قوي .. و بُصّ هناك الفلاّحة دي شايلة حاجة .. شايلة الأكل أو الميَّة و ده جوزها .. اللي ماسك الفاس.

مارك	آه .. دي لابسة جلابيَّة جميلة قوي .. و شوف رافعة إيدها إزّاي عشان تمسك الأكل. شاطرة قوي.
جيمس	يعني كويِّسة الصورة؟ حلوة؟ آه .. على فكرة .. أنا مسافر البحر الأحمر الأسبوع الجّاي .. و هاصوَّر مناظر تاني إن شاء اللّه.

لاحظ المعنى

الفلّاح بيعمل إيه؟ اوصف. بُصّ للصوَر و لاحظ.

فيه حركة	مفيش حركة	فيه حركة	مفيش حركة
بيُقف	واقِف	بيُقعُد	قاعِد
بيلبِس	لابِس	بيركب	راكِب
بتْشيل	شايْلة		

الفعل بيوضّح:	اسم الفاعل بيوضّح:
إيه اللي حصل. إمتى حصل الفعل. مين عمل الفعل.	مين اللي بيعمل الفعل. بيوصف حالة الفاعل.

لاحظ القواعد

(١) الفرق بين الفعل و الوصف في المعنى

الفعل: الفلّاح بيعمل / عمل / هيعمل إيه؟ مضارع / ماضي / مستقبل	**الوصف**: اوصِف حالة الفاعل.
١– بيقعد على الأرض / قَعد على الأرض / هيُقعد على الأرض ←	قاعِد على الأرض.
٢– الفلّاحة بتشيل الأكل / شالت / هتشيل ←	شايلة الأكل.
٣– بيقف جنب أبوه / وِقف / هيقف جنب أبوه ←	واقِف جنب أبوه.
٤– بينام تحت الشجرة / نام / هينام تحت الشجرة ←	نايم تحت الشجرة.
٥– بيركب الحمار / رِكِب / هيركب الحمار ←	راكِب الحمار.

سواق - سايق

٣

(٢) تصريف اسم الفاعل من الفعل الماضي للفعل الصحيح

الضمير		الوصف	النفي	
المفرد المذكّر.	أنا / إنت / هوَّ	قاعِد	مش	قاعِد
المفرد المؤنّث.	أنا / إنتي / هيَّ	قاعْدَة		قاعْدَة
جمع المذكّر و المؤنّث.	همَّ / إنتوا / إحنا	قاعْدِين		قاعْدِين

٤

(٣) اسم الفاعل من الفعل الماضي مع الضمير هوَّ

الفعل من ٣ حروف ثُلاثي صحيح – – –		الفعل ٣ حروف معتلّ – (ا / و/ ي) –		الفعل حرفين و شدَّة – –ّ		لأكتر من ٣ حروف – – – – –	
ماضي	اسم فاعل	ماضي	اسم فاعل	ماضي	اسم فاعل	ماضي	اسم فاعل
لِبِس /–/	لابِس –ا–ِ–	نام –ا–	نايم –اي–	حَطّ –َ–ّ	حَاطِط –ا–ِ–	اِستعمِل اِسْتَ – ْ – – ِ –	مِسْتعمِل مِسْتَ – – – ِ –

(٤) تصريف اسم الفاعل من أفعال تانية

٥

الفعل	للمذكّر		للمؤنّث		للجمع	
(أ) فعل حرفين و شدّة. (حطّ)	أنا إنت هوَّ	حاطِط	أنا إنتي هيَّ	حاطَّة	إنتو إحنا همَّ	حاطِّين
(ب) أكتر من ٣ حروف. (اتأخَّر)	أنا إنت هوَّ	متأخَّر	أنا إنتي هيَّ	متأخَّرة	إنتو إحنا همَّ	متأخَّرين

التدريبات

٦

تدريب (١- أ)

اسمع و قول فين اسم الفاعل في الجملة.

١- طالب (أ): فين أحمد يا مصطفى؟

طالب (ب): أحمد عايش في إنجلترا من ٣ سنين عشان بيذاكر الدكتوراه و هيرجع بعد سنة.

٢- طالب (أ): إنت بتحبّ الزمالك وللا المهندسين؟

طالب (ب): أنا باحبّ الزمالك. أنا ساكن هناك من ١٥ سنة.

٣– طالب (أ): فين الأستاذ علي؟

طالب (ب): الأستاذ علي قاعد في المكتب بتاعه.

٤– طالب (أ): ياه! الراجل ده شكله مدايق قوي؟

طالب (ب): عشان مستنّي الأتوبيس و المحطّة زحمة و الدنيا حرّ. الأتوبيس إتأخّر.

٥– طالب (أ): ياه! شكلِك حلو قوي يا سلوى النهارده! هيَّ إيه الحكاية؟

طالب (ب): شكلي حلو عشان حاطّة مكياج النهارده .. إيه رأيك كده أحسن؟

٦– طالب (أ): شوف يا عُمر الولد ده ماسك إيد مامته إزّاي؟

طالب (ب): أنا كمان هامسك إيدك يا ماما.

٧– طالب (أ): بُصّ يا حمادة الست دي شايلة حاجات كتيرة و تقيلة إزّاي.

طالب (ب): حاضر ها قوم عشان هيَّ تقعد مكاني على الكرسي.

٨– طالب (أ): ألو .. أستاذ عادل موجود لو سمحتي؟

طالب (ب): أيوه يا فندم. لكن أنا آسفة .. هوَّ نايم دلوقتي.

تدريب (١ – ب)
كلام

١–طالب (أ) أنت عايز تعرف مين في أوضة (١) / (٣) / (٦)؟ اكتب اسمهم. اكتب اسم الأوضة.

٢–اطلب من زميلك يوصف كلّ واحد في أنهي أوضة و بيعمل إيه. و شكله إيه. استخدم افعال من غير حركة للوصف.

ملاحظة: بعض أفعال الحركة تعطي معنى المضارع المستمر مع اسم الفاعل.

كلمات مساعدة

سايق / ماسك / رافع / نايم / قاعد / لابس .. إلخ.

صورة (١)

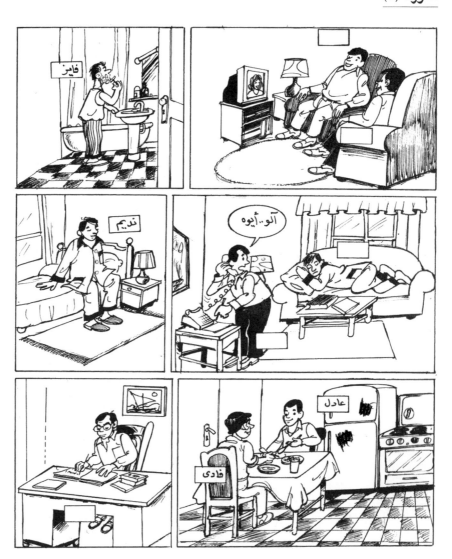

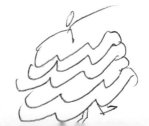

١ – طالب (ب): إنت عايز تعرف مين في أوضة (٢) / (٤) / (٥).

اكتب اسمهم. اكتب اسم الأوضة.

٢ – اطلب من زميلك يوصف كلّ واحد في أنهي أوضة و بيعمل إيه و شكلة إيه.

كلمات مساعدة

باصص / فاتح / حاطط / قاعد / لابس .. إلخ.

صورة (٢)

تدريب (١ - ج(١))

مين هوَّ؟

١- طالب (أ) استعمل نفس الصورة اللي فاتت و اوصف شخصيّة.

٢- طالب (ب) يخمِّن مين الشخصيَّة دي.

كرّروا النشاط بالتبادل.

تدريب (١ - ج(٢))

كلام

دي صورة من معبد الأقصر:

طالب (أ) استعمل الكلمات اللي في الصورة دي و اوصف الصورة.

اعمل جملة زيّ كده.

الملكة لابسة تاج و شعرها طويل و ماسكة .... و واقفة ورا .... و رافعة .... إلخ.

تابع تدريب (١ - ج(٢))

دي صورة من معبد الأقصر:

طالب (ب) استعمل الكلمات المساعدة اللي في الصورة اللي فاتت و اوصف الصورة.

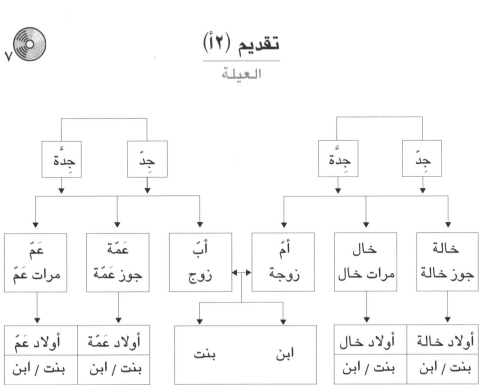

تقديم (أ٢)

العيلة

٧

٥٢   كلمني عربي أكتر

٨

مفرد مذكّر	جمع	مفرد مؤنّث	جمع
جِدّ	جُدود	جِدَّة	جِدّات
أب	أبهات	أُمّ	أُمَّهات
خال	خيلان	خالة	خالات
عَمّ	عِمام أو أعمام	عَمَّة	عَمّات
حما		حماة	حموات
زوج / جوز	أزواج / أجواز	مِرات	مِراتات

التدريبات

تدريب (٢أ – أ)

مين هوَّ؟

١– إمبارح قابلت .... و رحنا الاستاد مع بعض. (أخو بابا)

٢– الأسبوع اللي فات رجعت .... و جوزها من دُبيّ. (أخت ماما)

٣– .... طبخت لنا أكلة من أكلات زمان. (مامة بابا)

٤– بكرة بابا هياخد .... للدكتور عشان عيّانة قوي. (أخته)

٥– .... هيسافر بكرة لندن. (أخو ماما)

تدريب (١٢ أ – ب)
صورة عائليَّة

كلمة مفيدة: يُعيِّد

اسمع الوصف و اكتب الاسم.

قول صفة للاسم اللي تسمعه (عمَ – خالة – جدَ........ الج) مُرتضى.

عفاف	وهيب			مُرتضى	عنايات

جيهان	راجي	ماما	بابا	فؤاد	راجية

ولاد جيهان	ولاد راجي	أنا ابنهم مدحت		ولاد فؤاد	ولاد راجية

همَّ	همَّ			همَّ	همَّ ....

نصّ الإستماع لتدريب (٢أ - ب):

نِهال: مِدْحت بُصّ صورة عيلتنا في العيد حلوة إزّاي. إنت برضه بتصوّر عيلتكم في العيد؟

مِدْحَت: آه .. طبعاً. بُصّي دي آخر صوَرة للعيلة. شوفي حلوة إزّاي.

نِهال: آه .. صحيح. طيّب قولي لي مين اللي قَاعدة في نُصّ الكنبَة و لابسة نضّارة و ماسكة كُبّاية ليمون في إيدها اليمين؟

مِدْحَت: آه .. و حاطّة إيدها على كتف جدّتي عنايات؟ دي تيتة عفاف مامة ماما.. و شوفي جدَتي عنايات ساكتة إزّاي؟ مابتتكلمش خالص.. عشان تيتة عفاف مابتسكتش أبداً.

نِهال: إم .. و مين ساند إيده على الكنبة و لابس نضّارة و ماسك كُبّاية على يمين تيتة عفاف؟

مِدْحَت: ده جدّي وهيب أبو ماما .. و عارفة بيكلّم مين؟ طنط جيهان خالتي. هيَّ قاعدة على شماله في الكرسي الفوتيه الكبير.

نِهال: ومين قاعد قُصاد طنط جيهان على الفوتيه التاني و ماسك كتاب؟

مِدْحَت: ده يا ستّي خالي راجي .. هوَّ بيشتغل محامي .. و بيتكلّم دايماً مع عمّي فؤاد أخو بابا عن القانون و السياسة .. شايفة .. عمّي فؤاد قاعد على شماله و ماسك كوبّاية الشاي بتاعته و مبسوط جداً من الكلام.

نِهال: طيّب. فين عمّتك؟ هوَّ باباك ماعندوش إخوات بنات؟

مِدْحَت: لا. طبعاً عنده .. عمّتي راجية .. بس هيَّ سافرت مع جوزها الكويت و جدّي مُرتضى أبو بابا بيزورهم هناك دلوقتي. عشان بيحبّ أولاد عمّتي .. و عَايز يشوفهم و يعيّد معاهم.

١٠

تقديم (٢ب)

عيلتنا اللي ساكنة في عمارتنا

مُسعد بيصلَّح عربيَّة عند الأسطى جابر في مصر القديمة. اسمع و كرَّر.

مُسعد	إنت ساكن هنا من زمان يا أسطى جابر؟
جابِر	أنا اتولدت هنا يا باشا .. و عيلتي كلّها ساكنة في الحتّة هنا .. في مصر القديمة إحنا ساكنين هنا مع بعض من زمان .. في نفس العمارة.
مُسعد	معقولة كلّكم ساكنين هنا؟
جابِر	آه .. كلّ عيلتي ساكنة هنا .. و كلّنا بنشتغل في المنطقة دي .. شوف أخويا حسّان هوَّ اللي واقف ورايا ده و بيصلّح في الشارع.
مُسعد	آه .. صحّ أنا شايفُه .. و مين ده اللي بيصلّح الحوض في الدور التاني؟
جابِر	ده ابن عمّي حلمي .. و شايف الستّات اللي واقفين في أوّل دور دول؟
مُسعد	اللي في الشبّاك على الشمال؟
جابِر	آه .. دول جدّاتي فاطمة و زينب و عمّتي رابحة ساكنة في الشقّة اللي جنبهم على اليمين.
مُسعد	طيّب و مين اللي واقف قُدّام محل الميكانيكا بتاعَك؟
جابِر	آه .. ده .. ده الأسطى فهمي الميكانيكي ابن خالتي. هوَّ اللي هيصلَّح لك الموتوسيكل بتاعك إن شاء اللّه.
مُسعد	ومين العيال دول اللي بيذاكروا في الشبّاك اللي على اليمين؟
جابِر	آه .. دول؟ .. دول .. ولاد ابن عمّتي .. اللي دخلوا مدرسة مصطفى كامل السّنة اللي فاتت .. و مش عارفين يذاكروا .. و مش فاهمين حاجة.
مُسعد	ياه! كلّ العيلة ساكنة مع بعض! طيّب دي مش حاجة صعبة شويّة؟

Grammar

لاحظ القواعد

	اسم معرفة	الوصف
ده	جابِر	الميكانيكي
ده	البيت	الجديد
ده	جابِر	اللي ساكن في مصر القديمة
ده	أسطى فهمي	اللي هيصلَّح الموتوسيكل
ده	أخويا حسّان	اللي واقف ورايا
ده	ابن عمِّتي	اللي بيصلّح الحوض
دي	عمِّتي رابْحة	اللي ساكنة جنبهم
دول	جدّاتي	اللي ساكنين في أوِّل دور
دول	أولاد (ولاد) عمِّتي	اللي دخلوا مدرسة طيبة
	اسم معرفة	ال + صفة
	اسم معرفة	اللي + جملة أو عبارة

النفي

السؤال: أنهي مدام سعاد؟ اللي لابسة فستان أزرق وللا اللي لابسة بنطلون إسود؟

الجواب: لا مدام سعاد مش اللي لابسة فستان أزرق. مدام سعاد هيَّ اللي لابسة بنطلون إسود.

مش + اللي

التدريبات

تدريب (٢ب – أ)

عيلة كَريم بيتقابلوا يوم العيد يضحكوا و يلعبوا و دلوقتي همَّ بيلعبوا لعبة عن العيلة.

مين في عيلتنا اللي ....

اكتب الاسم قدّام الجملة المناسبة زيّ المثال:

١– مين في عيلتنا اللي اتخرَّج من كليِّة الحقوق و دلوقتي بيشتغل محامي؟ (ابن أختها رمزي)

٢– مين في عليتنا اللي قاعد في مكتبه طول الوقت يكتب قصص؟ (...........)

٣– مين في عليتنا اللي بيحبّ يمثِّل؟ (...........)

٤– مين في عليتنا اللي في منتخب كورة السلَّة؟ (...........)

٥- مين اللي بيشتغل دكتور في مستشفى كليوباترا؟ (...........)

٦- مين اللي هيسافر عشان يدرس دكتوراه بكرة؟ (...........)

تدريب (٢ب - ب)

كلام

اعمل أسئلة و إجابات عن الصورة بالإيجاب أو النفي زي الأمثلة و اسأل زميلك.
اكتب الأسئلة و الإجابات.

كتابة

امثلة:

١- هويدا/ قاعدة

طالب (أ): هُوَيْدا هيَّ اللي قاعدة قدّام التليفزيون؟

طالب (ب): لا هُوَيْدا مش هيَّ اللي قاعدة قدّام التلفزيون ده الأستاذ زكريا.

٢- مُوسَى / ماسك فنجان القهوة

طالب (أ): مُوسَى هوَّ اللي ماسك الفنجان و بيشرب قهوة؟

طالب (ب): أيوه مُوسَى هوَّ اللي ماسك الفنجان و بيشرب قهوة.

٣- حامِد / ماسِك ساندوتش

طالب (أ)

طالب (ب)

٤- حازِم / بيسلِّم على وِسام

طالب (أ)

طالب (ب)

٥- ثرْوت / حاطط إيده في جيبه

طالب (أ)

طالب (ب)

٦- آيَة / ماسكة إيد لُوريس

طالب (أ)

طالب (ب)

٧- عِبيد / واقف قدّام

طالب (أ)

طالب (ب)

٨- كارُولين / باصَّة على ساندوتش خليل

طالب (أ)

طالب (ب)

٩- وِسام / بيسلِّم على رامي

طالب (أ)

طالب (ب)

صحَح مع زميلك.

تدريب (٢ب - ج)

استعمل نفس الصورة اللي فاتت و اوصف أي شخصيَّة.

١- طالب (أ) يسأل زميله مين اللي ....

طالب (ب) يقول اسم الشخصيَّة.

كرَّروا النشاط بالتبادل.

٢- طالب (أ) اوصف زميل في الفصل.

طالب (ب) يقول مين هوَّ ....

كرَّروا النشاط بالتبادل.

تقديم (٣)

ورايا مشوار

كلمات مفيدة: يدّور على / عُقد / أم شعر أحمر / أبو دقن / خلّاط

اسمع الحوارات القصيَّرة دي و قول أنهي حوار لأنهي صورة و جاوب على سؤال كلّ صورة.

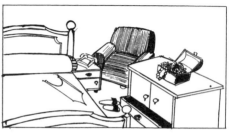

فين العُقد؟

شكله إيه الراجل ده ؟

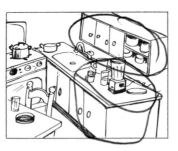

فيه إيه وراهم؟

فين الخلّاط؟

	حوار (۱)
ياه الطيّارة هتتأخّر ۳ ساعات و أنا ورايا مواعيد كتير قوي في لندن.	راكب
و المواعيد اللي وراك دي مش ممكن تتغيّر؟	راكبة
لا و الله للأسف دي مواعيد شغل و فيها مقابلات كتير مع ناس مش عارف أعمل إيه؟ و ماعنديش موظّفين تحت إيدي يساعدوني و ورايا شغل كتير قوي.	راكب
وأنا كمان .. قدّامي فرصة شغل حلوة في لندن. و غالباً كده هتأخّر قوي وهتروح الفرصة .. أنا دايما كده ما عنديش حظّ.	راكبة

chance /opportunity

	حوار (۲)
فين يا سامي الراجل اللي عايز ال C/D ده؟	بيّاعة
الراجل الطويل اللي لابس بدلة سودا .. اللي واقف وراكي.	بيّاع
لا.. لا مش اللي لابس بدلة ده .. لا لامش هوَّ .. الراجل الطويل اللي معاه مراته أم شعر أحمر.	بيّاعة
آه .. الراجل اللي معاه مراته .. آه .. أبو دقن طويلة؟	بيّاع
ايوه هوَّ ده .. هوَّ راح فين؟ ده قال مستعجل و وراه مشوار.	بيّاعة

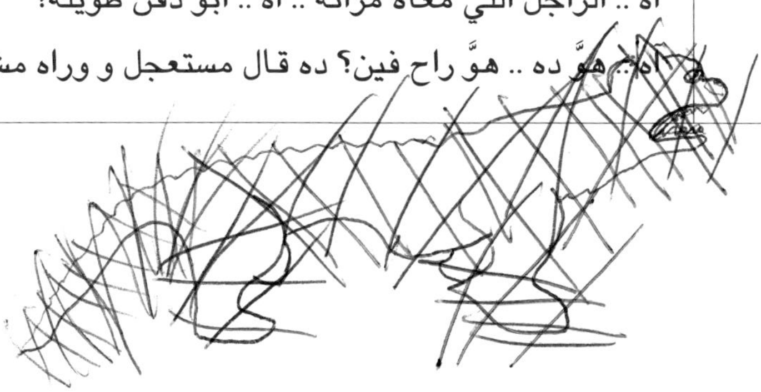

حوار (٣)	١٣
نَبيلة	يا هانِي فين الخلّاط اللي في الدولاب؟ راح فين؟
هانِي	مش عارف. يمكن ورا العلبة اللي هناك دي قدّامك جنب الحوض.
نَبيلة	آه.. أهه هناك قدّامي جنب التلّاجة .. طيّب و فين العُقد الأحمر اللي اشتريته من خان الخليلي الأسبوع اللي فات .. شفته؟
هانِي	مش عارف .. معاكي ٥ دقايق .. ندوَّر مع بعض في أوضة النوم يمكن في العلبة اللي على التسريحة؟
نَبيلة	ياسيدي أنا تحت أمرك .. معاك ١/٢ ساعة مش ٥ دقايق .. قوم معايا ندوَّر عليه .. ياللا بسرعة .. عشان بجدّ قدّامي ساعة و بعد كده لازم أنزل و أروح الشغل.

لاحظ التعبيرات دي: **معناها إيه:**

١- ورايا مشوار: ١- هوَّ عمل المشوار.
٢- هوَّ هيعمل المشوار.

٢- ورايا شغل كتير: ١- هوَّ حاطط ملفات كتير ورا الكرسي بتاعه.
٢- هوَّ عنده شغل كتير .. لازم يخلص.

٣- معاكي ٥ دقايق: ١- عندِك وقت نعمل حاجة مع بعض في ٥ دقايق؟
٢- لازم تظبطي الساعة على ٥ دقايق.

٤- قدّامي ٥ دقايق: ١- لازم أخلَّص بعد ٥ دقايق عشان أمشي.
٢- قدّامي ساعة مظبوطة على ٥ دقايق.

٥- قدّامي فرصة شغل كويّسة قوي: ١- هوَّ عنده فرصة و ممكن يشتغل في وظيفة كويِّسة.
٢- هوَّ لازم يروح الشغل.

٦- تحت أمرك: ١- أيّ خدمة .. اطلب أي حاجة .. أنا عايز أساعدك.
٢- أنا مش عايز أساعدك و مش عايز أوامر.

٧- تحت إيدك موظّف: ١- يعني عندك موظّف. ممكن يساعدك.
٢- إنت ماسِك موظّف في إيدك.

قارن بين الجمل دي.

أ - ورايا مشوار. ورايا شغل كتير.	ب - ورايا ترابيزة.
أ - معاكي ٥ دقايق؟	ب - معاكي فلوس؟
أ - قدّامي ٥ دقايق	ب - قدّامي الشباك
أ - قدّامي فرصة	ب - قدّامي البحر
أ - تحت أمرك / تحت إيدك موظّف.	ب - تحت الكرسي / تحت راسك مخدّة.

لاحظ التعبيرات

إيه الفرق بين:

أمّ الأولاد أحمد	أمّ شعر أحمر ضفاير Braided
أبو الأولاد سعاد	أبو دقن

التدريبات

تدريب (٣ – أ)

وصَّل الجملة أ مع ب و كرَّر الجُمل مع زميلك.

أ	ب
١– مبسوط قوي كده ليه يا ماجد؟	أ– أنا حاطط الشنطة تحت الترابيزة اللي وراك عشان قدّامي ناس كتير و مش عايز حدّ ياخد الشنطة.
٢– فين العروسة اللي شعرها أصفر و أمّ عينين خُضر و اللي قلت هتتجوزها؟	ب– لا آسف يا أبو حسني. ورايا مشوار مهمّ يوم الجمعة مش ها قدر.
٣– ياه! إنت عندك شغل كتير قوي .. هتخلَّص إزّاي في الميعاد؟	ج– معلش .. أنا تحت إيدي موظَّفين كتير بيساعدوني. و إن شاء الله هاخلَّص في الميعاد.
٤– تيجي نروح السينما الجمعة الجايَّة يا أحمد؟	د– لا خلاص! سبت البنت دي. معاك ١/٤ ساعة أحكي لك ليه؟
٥– اللّه! فين شنطة الفلوس أمّ إيد طويلة اللي معاك؟ شايلها فين؟	هـ– عشان قدّامي فرصة حلوة .. قدّامي عربيَّة زي الجديدة عايز أشتريها عاملة ١٠٠٠ كم بس.

تدريب (٣ – ب)

كمِّل الجملة بعبارة مناسبة من العبارات اللي درسْتها.

(١) أ – رِضا: إنت شكلك مبسوط قوي النهارده .. إيه الحكاية؟

ب – طبعاً مبسوط عشان مدـ..ـرمي..ـمو الشغل حلو قوي.

(٢) أ – مالك مستعجلة ليه يا سِهام؟

ب – عشان ...... مهمّ قوي هاقابل عريسي الجديد.

(٣) أ – ممكن أقابلك بكرة الساعة ٩؟

ب – لا آسفه عشان عنـ...ـدي من الساعة ٦ لغاية الساعة ١٠ مشغولة مش هاقدر.

(٤) أ – لو سمحت يا دكتور .... أتكلّم معاك في موضوع؟

ب – طيّبٍ بس .... شغل تاني فبسرعة شويَّة.

(٥) أ – لو سمحتي يا نُها ممكن تساعديني؟

ب – طبعا يا حُسام أنا ....

(٦) أ – يا خبر يا ماجد! أنا اتأخّرت قوي على القطر .... ١/٤ ساعة بس.

ب – لا .. لا القطر الساعة ٨ .... ١/٢ ساعة ما تسوقيش بسرعة.

(٧) أ – إنت بتشتغل لوحدك في المكتب يا نبيل؟

ب – لا طبعا أنا ...... موظَّفين كتير بيساعدوني.

(٨) أ – بتجري ليه يا هشام؟ بشويش شويَّة !

ب – معلش عشان .... مشوار مهمّ قوي.

تدريب (٣ – ج)

قسّموا الفصل لفريقين.

١– كلّ فريق يكتب أكبر عدد من الكلمات المناسبة.

٢– كلّ فريق يستعمل العبارات و يكوّن أكبر عدد من الجمل.

٣– الفريق الكسبان هوّ اللي يقول أكبر عدد جمل صحّ.

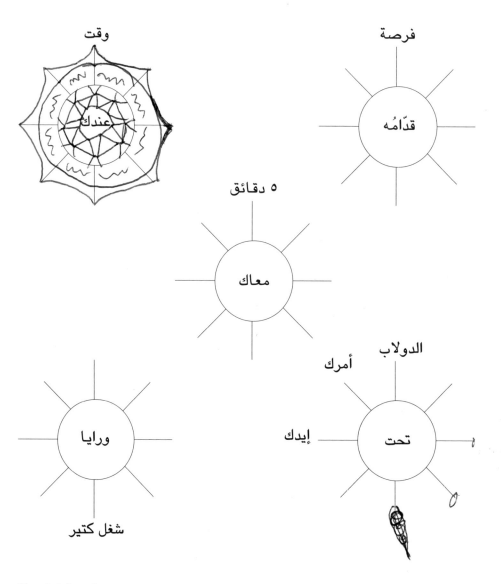

١٤

من واقع الحياة

الاستماع

فندق كويك

إنت كلّ يوم بتشوف حاجات كتير و بتروح أماكن كتيرة.

إحنا أحيانا بنروح أماكن كويّسة و أحيانا لأ. المكان ده فين؟

اسمع و قول:

١- جمال مبسوط من المكان ده؟

٢- هوَّ عايز يعمل إيه؟ و ليه؟

٣- اسمع و اوصف الصورة و اكتب نمرة الشخص اللي تسمع الوصف بتاعُه.

٤- اوصف لزميلك بالتبادل الناس اللي واقفة على محطّة أتوبيس الفندق.

شكلهم إيه .. لابسين إيه .. إلخ.

٧٠ كلمني عربي أكتر

نصّ الاستماع لواقع الحياة

جَمال	أهلا يا سعيد .. صباح الخير .. أنا آسف إتأخّرت عليك شويّة.

سَعِيد	لا .. معلش .. بس إنت شكلك مدّايق ليه؟ فيه إيه؟ اتأخّرت ليه؟

جَمال	الخدمة في الفندق .. مش قوي .. كلّ حاجة بشويش .. جابوا الفطار متأخَّر. أنا عايز أغيَّر الفندق ده.

سَعِيد	لا مش معقول. ليه بسّ بتقول كده؟

جَمال	طيّب بصّ الريسبشن قدّامك أهُه .. شوف الموظَّف اللي قاعد في الاستقبال قاعد على الكرسي و مابيشتغلش بسّ ماسك الجورنال و بيقرا و مش مهتمّ بالناس.

سَعِيد	آه .. صحّ و بصّ الزبون ده .. الراجل أبو صلعة اللي واقف قدّام الريسبشن مادد إيده عايز المفتاح بتاعُه و الموظّف مش باصص خالص.

جَمال	وكمان الراجل المسكين اللي قاعد مستنِّي الأوضة بتاعتُه على الكنبة اللي قصادك .. مدّايق و نايم .. أنا شفتُه قاعد من ساعتين.

سَعِيد	ياه .. لا مش ممكن .. و بصّ .. بصّ شوف الست اللي قاعدة وراه بتبصّ في السّاعة كلّ شويّة .. قاعدة مستنيّة و ما حدّش بيشوف هيَّ عايزة إيه.

جَمال	لا .. و سايبين الشنط بتاعة الناس في وسط الفندق على الأرض. مافيش عامل يشيل الشنط دي. حاجة مش معقولة!

سَعِيد	و العامل اللي في الأسانسير .. واقف و مش عايز الست الكبيرة أمّ شنطة اللي وراه دي تدخل .. تعبانة و شايلة كلّ الحاجات دي و مابيساعدهاش.

جمال	طيّب شوف الناس اللي مستنيّة الأتوبيس بتاع الفندق.

سَعِيد	آه .. دول .. دول ..

القراءة و الكتابة

كلمات مفيدة: قُماش / ميزان

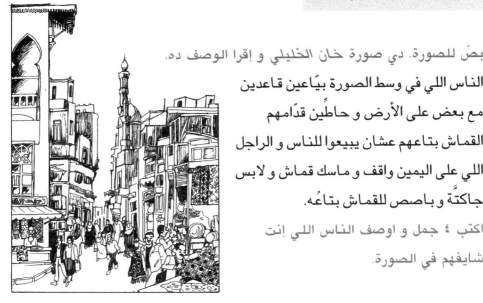

بصّ للصورة. دي صورة خان الخليلي و إقرا الوصف ده.

الناس اللي في وسط الصورة بيّاعين قاعدين مع بعض على الأرض و حاطِّين قدّامهم القماش بتاعهم عشان يبيعوا للناس و الراجل اللي على اليمين واقف و ماسك قماش و لابس جاكتّة و باصص للقماش بتاعُه.

اكتب ٤ جمل و اوصف الناس اللي إنت شايفهم في الصورة.

الكلام: مين اللي .. ؟

دي عيلة الأستاذ صالِح. هوَّ بيشتغل محامي و دايما بيتأخَّر. أم الأولاد بتشتغل دكتورة .. و طول اليوم برضه في المستشفى .. النهارده أولاد عمُّهم بيزوروهم عشان ده عيد ميلاد ابنهم الكبير.. لكن ما فيش حدّ في البيت معاهم ولا بابا ولا ماما.

اوصف كلّ واحد بيعمل إيه دلوقتي زيّ المثال بالتبادل.

طالب (أ) مين اللي لابس البدلة بتاعة أبوه و رافع إيده و باصص لأختُه؟

طالب (ب) اللي لابس .... هوَّ تامِر.

اسأل عن الأسماء اللي مش موجودة في صورتك.

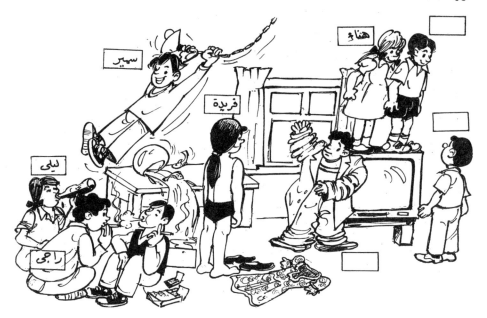

صورة (١)

سمير
هناء
فريدة
ليلى
راجي

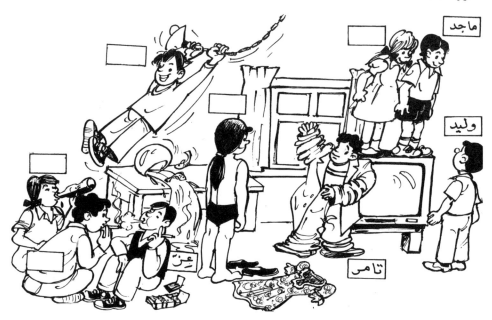

صورة (٢)

ماجد
وليد
تامر

افتـــكر

(١) اسم الفاعل للوصف

الفعل ٣ حروف من غير حرف عّلة.

(١)	للمذكّر	للمؤنّث	للجمع
	أنا إنت قَاعِد هنا هوَّ	أنا إنتي قَاعْدَة هنا هىّ	إحنا إنتوا قَاعْدِين هنا همَّ

٣ حروف مع حرف علَّة في النصّ

نام = نا [يـ] م = ي قبل الأخر

أكثر من ٣ حروف

متكلِّم = مـ + كسرة قبل الأخر

= مـ في أول الكلمة

النفي

مش + قاعد
مش + (اسم الفاعل)

(٢) جملة الوصف مع اسم الفاعل

الراجل | اللي | قاعد هناك بيشرب شيشة.

اسم + اللي + جملة أو عبارة

(٣) عبارات مشهورة

ورايا مشوار.	=	عندي مشوار.
قدّامي فرصة.	=	عندي فرصة.
معاك ٥ دقايق.	=	عندك ٥ دقايق.
تحت أمرك.	=	أيّ خدمة.

الوحدة التالتة

١

محتويات الموضوعات في الوحدة التالتة

- تقديم (١) وصف بعض بلاد و مدن العالم.
- تقديم (٢) المقارانات و الكلام عن مميِّزات الوظيفة الجديدة.

دردش معانا

- تقديم (٣) تقديم الناس لبعضها – محادثات صغيرة.

فهرس الكلمات الجديدة في وحدة ٣

تقديم (١)

ضخمة – هادي – مُنظَّم – زحمة – أمان – هايل – مريح – واسع – مُسلِّي
أكْل لذيذ – الناس لطيفة – ممتاز – المناظر – الشواطىء – آثار رومانيَّة / فرعونيَّة
– قِبطيَّة – عموماً – وادي الملوك – صحيح – متاحف.

تقديم (٢)

نهر – أوطى – أعلى – منوّر – مُزعج – مِضلّم – طري – بطيء – ناشِف
سريع – ذكي – يشغّل مُخُّه – اختراع – تيارات – أظرف – حديث
أحدث / أجدد – المرتّب.

تقديم (٣)

أقدِّم لك – المُفضَّل – كَسر – خيط – دِراع – رِجْل – شُغلي واقف – اتشرَّفت /
الشرف ليّا – قِشر موز – إيه حكايتك؟ – وِقع – كوِّن – يبدأ – التعارُف – مُشتَركة
– يكتشف – أنا أسعد – يعدِّي – يشجّع.

من واقع الحياة

مُتْعِب – مُريح – سيبك منها – فتاة أحلام.

تقديم (١)

كلمات جديدة:

وصَّل الصفة بالمعنى.

(أ)	(ب)
١- عمارة ضخمة	شارع مافيهوش ناس ولا عربيّات كتير.
٢- شارع هادي	عمارة عالية و كبيرة قوي.
٣- شارع زحمة	كلّ العربيّات بتقف أو بتمشي مع الإشارة.
٤- المرور مُنظَّم	شارع فيه ناس و عربيّات كتير.
٥- الشوارع أمان	كويِّس قوي.
٦- هايل	الشوارع مافيهاش حراميَّة.
٧- مُريح	عكس ضَيَّق.
٨- واسع	عكس مُتْعِب.
٩- مُسلّي	أكل حلو.
١٠- أكْل لذيذ	عكس مِمُلّ.
١١- الناس لطيفة	الناس بتحبّ تساعد بعض و بتحبّ الضيوف.
١٢- ممتاز	كويِّس جداً جداً جداً .. ١٠٠٪.

صحّح مع زميلك.

تقديم (١)

٢

أسافر أنهي بلد؟

منير و جلال عايزين يسافروا و يتفسَّحوا في الأجازة. اسمع الحوار.

١– قول همَّ هيسافروا فين.

٢– املا الجدول من الحوار.

منير: عايز آخد رأيك يا جلال. أسافر أنهي بلد في الأجازة؟

جلال: عايز تسافر فين؟ أنهي قارة آسيا وللا أفريقيا.. وللا أمريكا وللا أوروبا؟

منير: أيّ حاجة المهم أتفرَّج على بلد جديدة.

جلال: شوف يا سيدي .. لندن غالية قوي و زحمة و برد لكن هتتفرَّج على متاحف حلوة قوي و آثار قديمة بس أكْلهم إم .. إم مش عارف .. فيه ناس بتقول مش لذيذ.

منير: آه .. طيِّب إيه رأيك في نيويورك؟

جلال: برضه نيويورك زحمة .. و طبعاً فيها عمارات ضخمة و عالية جداً ..

ولكن بـالليل الحيـاة مُسليَّة .. فيهـا مسـارح هـايلـة و المواصلات مُريحـة و مُنظَّمة .. بس على فكرة هيَّ مش أمـان بـالليل.

منير طيِّب كوالالمبور كويِّسة؟

جلال المدينـة أمـان و رخيصـة. صحيح شوارعهـا دوشة شويَّة .. لكن أكلهم لذيذ. المتـاحف مملَّة شويَّة .. لكن فـاضيـة مـافيهـاش نـاس كتير. النـاس هنـاك لطيفة و بتحبّ الأجـانب. بس دي بلد بعيدة قوي .. مُتْعِبة في السفر.

لندن	نيويورك	كوالالمبور
فيها إيه كويِّس؟ فيها إيه مش كويِّس؟	فيها إيه كويِّس؟ فيها إيه مش كويِّس؟	فيها إيه كويِّس؟ فيها إيه مش كويِّس؟

لاحظ القواعد

(١) الصفات

٣ مع العدد			مع النوع	
مفرد مذكر	مفرد مؤنَّث	جمع	الناس (العاقل)	الحاجات (غير العاقل)
هـادي	هـادية	هـاديين	هـوَّ هـادي / همَّ هـاديين	شارع هـادي / شوارع هـادية
عالي	عالية	عاليين	×	عمارة عالية / عمارات عالية
هـايل	هـايلة	هـايلين	مدرّس هـايل / هـيَّ هـايلة	مطعم هـايل / مطاعم هـايلة
واسع	واسعة	واسعين	×	شقَّة واسعة / شقق واسعة
مُنظَّم	مُنظَّمة	مُنظَّمين	ولد مُنظَّم / بنت مُنظَّمة	مكتبة مُنظَّمة / مكتبات مُنظَّمة
مُريح	مُريحة	مُريحين	زوج مُريح / زوجة مُريحة	كرسي مُريح / كراسي مُريحة
مُسلّي	مُسليَّة	مُسليين	جار مُسلّي / جارة مُسليَّة	فيلم مُسلّي / أفلام مُسليَّة
ممتاز	ممتازة	ممتازيّن	طالب ممتاز/ طالبة ممتازة	كتاب ممتاز / كتب ممتازة
ضخم	ضخمة	ضخمين	×	عمارة ضخمة / عمارات ضخمة
مُتْعِب	مُتْعِبة	مُتْعِبين	جوز مُتْعِب / مديرة مُتْعِبة	عربيَّة مُتْعِبة / عربيات مُتْعِبة
لَذيذ	لَذيذة	لُذاذ	زميل لَذيذ / زميلة لَذيذة	أكْل لَذيذ / حِكاية لَذيذة
لَطيف	لَطيفة	لُطاف	راجل لَطيف / سِتّات لُطاف	فُستان / مكان لَطيف
كبير	كبيرة	كُبار	راجل كبير / رجالة كُبار	
زحمة	زحمة	زحمة	×	شارع / أوضة زحمة
أمان	أمان	أمان	×	مدينة / شارع أمان

(٢) موافقة الاسم و الصفة مع الناس

العدد المذكّر ٤			
اسم مثنّي	الصفة	اسم جمع	الصفة
دول راجلين دول ولدين دول موظّفين دول مهندسين	ممتازين هـاْديين مُنظّمين شاطرين	رجالة أوْلاد موظّفين مهندسين	ممتازين هـاْديين مُنظّمين شاطرين

العدد المؤنّث ٥			
اسم مثنّي	الصفة	اسم جمع	الصفة
دول ستّتين دول بنتين دول موظّفتين دول مهندستين	ممتازين هـاْديين مُنظّمين شاطرين	ستّات بنات موظّفات مهندسات	ممتازين هـاْديين مُنظّمين شاطرين

(٣) موافقة الاسم و الصفة مع الحاجات

العدد المذكّر			٦
اسم مثنّي	الصفة	اسم جمع	الصفة
دول شارعين	واسْعين	دي شوارع دول شوارع	واسْعة واسْعين
دول بابين	كُبار	دي أبواب دول أبواب	كبيرة كُبار

العدد المؤنّث			٧
اسم مثنّي	الصفة	اسم جمع	الصفة
دول بُلوزتين	غاليين	دي بُلوزات دول بُلوزات	غالية غاليين
دول صورتين	جُمال	دي صور	جميلة

النفي	ده ولد مش طويل	مش + الصفة

التدريبات

تدريب (١ - أ(١))

رتِّب مع زميلك إجابة الأسئلة دي.

١- إيه رأيك؟ أروح المكسيك في الأجازة؟

دى آثار ضخمة و قديمة قوي - طبعاً روح - هناك هتشوف آثار المايا.

٢- رُحت فين يا سامي الصيف اللي فات؟

فيها شواطىء واسعة - سافرت أسبانيا - و بالليل مُسليَّة جداً - و زرت مالاجا.

٣- سمعت إنِّك رُحتي باريس يا وفاء صحيح؟

واسعة و زحمة و قديمة قوي - آه دي مدينة جميلة و الشوارع - و الأكل الفرنساوي هايل و لذيذ جداً.

٤- رُحت ڤيينا قبل كده يا محسن؟

دي بلد شتراوس و الموسيقى كلَّها - لا مارُحتش بس - و بيقولوا شوارعها هادية و أمان.

٥- إيه رأيك في شرم الشيخ يا مارك؟

فيها فنادق ضخمة و واسعة - مدينة جميلة - و الليل مُسلِّي - و المطاعم كثيرة و الأكل المصري لذيذ.

تدريب (١ - أ(٢))

اختار الكلمة المناسبة:

مِملَّة – لذيذ – مُسليَّة – مُنظَّمة – ممتازة – ضخمة – عالية – لطاف – واسعة – ضيقَّة – أمان – مُتْعِبة – جميلة – مش مُنظَّم.

١- كلّ الناس بتحبّ الأكل اللبناني عشان هوَّ ....

٢- مدينة القاهرة مابتنامش عشان الحياة بالليل ....

٣- الشوارع في لندن زحمة لكن المرور ....

٤- مدينة نيويورك مليانة عمارات .... و ....

٥- المرور في مدينة ساوباولو .... أبداً.

٦- سويسرا بلد هادية جداً لكن الحياة بالليل ....

٧- الناس في مصر .... و بيحبّوا الضيوف.

٨- الشوارع في ألمانيا .... جداً.

٩- الخرايط بتاعة الشوارع في أوروبا....................

١٠- القرية المصريَّة شوارعها .... لكن ....

١١- ڤينسيا في إيطاليا .... جداً ولكن .... عشان مافيهاش شوارع و كلّها ميَّة و مراكب بس.

صحَّح مع زميلك.

٧

تدريب (١- ب)

عايز أتفرَّج على مصر

ستيفن طالب بيدرس عربي في القاهرة. اسمع:

١- هوَّ عايز إيه من هاني؟

٢- اسمع مرَّة تانية. هاني بيقول:

- أسوان فيها .... و النيل ....
- الجوّ .. و الرحلات النيليَّة .... و .... جداً.
- الأقصر مليانة آثار و معابد .... و ....
- في الفندق بالليل فيه حفلات ....
- إسكندريَّة فيها شواطئ .... و آثار............ و .... و ....
- في البحر الأحمر الشواطئ .... و المطاعم .... و الأكل .... و الناس عموماً .... جداً. و مافيش .... زيّ شوارع القاهرة و .... خالص.

٣- هاني غالباً هيروح فين؟

٤- اقرا الحوار مرّة تانية و كرّره مع زميلك.

تدريب (١- ج)

اسأل زمايلك عن بلادهم و املا الجدول.

البلد	الشوارع	المرور	الجوّ	الناس	الأكل	الآثار	الشواطئ	العمارات
١-								
٢-								
٣-								
٤-								
٥-								
٦-								

اتكلّم عن بلد صاحبك قدّام الفصل و قول عرفت إيه عن بلده.

نصّ الاستماع لتدريب (١- ب)

ستيڤن — يا هاني. أنا عايز أتفرّج على مصر .. أسافر فين؟ تقدر تقول لي على أماكن سياحيَّة كويِّسة؟

هاني — آه .. طبعًا .. شوف يا سيدي في الشتا لازم تسافر أسوان .. المناظر هناك جميلة و النيل شكله حلو .. الجوّ كويِّس .. و الرحلات النيليَّة مُنظَّمة و مريحة جداً.

ستيڤن — طيّب .. و أسوان فيها آثار كتيرة؟

هـاني	آه .. طبعاً و ممكن تزور الأقصر كمان .. مليانة آثار و معابد ضخمة و عالية .. هتشوف هناك وادى الملوك. وباالليل الفنادق فيها حفلات مُسليَّة قوى .
ستيفن	وممكن أنزل البحر هناك؟
هـاني	بحر إيه؟ مافيش بحر هناك. عايز تروح شواطئ ممكن تروح إسكندريَّة .. إسكندريَّة مليانة شواطئ واسعة و آثار رومانيَّة و قبطيَّة و إسلاميَّة. أو ممكن تسافر البحر الأحمر .. هناك فيه شواطئ ممتازة و مطاعم هايلة برضه .. و الأكل لذيذ قوي. و الناس عموماً لطيفة جداً. و مافيش زحمة زيّ شوارع القاهرة و أمان خالص.
ستيفن	آه .. طيِّب أنا غالباً هاروح إم .. إم.

اقرا الحوار مرَّة تانية و كرّره مع زميلك.

تقديم (٢)

٨

إزَّيّ شغلك الجديد؟

اسمع الحوار و جاوب أنهي شغل أحسن؟

وفاء	إزَّيّ شغلك الجديد يا تامر؟
تامر	أمّا الشغل الجديد يا وفاء أحسن من الشغل اللي فات بكتير.
وفاء	صحيح؟ إزّاي؟
تامر	شوفي يا ستِّي .. المرتِّب أكبر .. و المكتب بتاعي أوسع و أنضف و أشيَك كمان. وبعدين الكومبيوتر بتاعي أجدَد و أحدث.
وفاء	طيِّب و عدد ساعات الشغل أقلّ وللا أكتر؟
تامر	طبعاً عدد الساعات دلوقتي أكتر من عدد الساعات في شغلي القديم عشان المُرتّب أكبر .. لكن .. الشغل مع المدير الجديد مُنظَّم أكتر من الشغل مع المدير القديم. و شغلي دلوقتي أريَح و ألذّ من شغلي الأوَّلاني خالص.
وفاء	والناس في الشغل الجديد أخبارهم إيه؟
تامر	الناس في شغلي الجديد ألطف و أشطر من الناس اللي في الشغل التاني. يا ساتر الناس في الشغل القديم كانوا أكتر ناس مُتْعِبين .. مش عايز أفكَّر فيهم خالص. و إنتي مبسوطة في شغلك؟
وفاء	آه .. الحمد للّه المدير بيقول لي "إنتي أحسن موظَّفة عندي. و أشطر واحدة في الكومبيوتر" مع إنِّي أصغر موظَّفة عنده.
تامر	هايل .. ممتاز .. براڤو عليكي.

١- تامر مبسوط من شغله الجديد ليه؟

٢- المدير مبسوط من وفاء؟

٣- هوَّ بيقول إيه عنها؟

٤- اسمع و املا الجدول:

المدير	العمل	الكومبيوتر	المكتب	المُرتَّب	إيه الفرق
					في الشغل الجديد
					في الشغل القديم

لاحظ القواعد

(١) للمقارنة بين حاجتين هوَّ بيقول:

(٢)   (١)

الشغل الجديد أحسن من الشغل القديم.

اسم (١) + ‏| أحسن من |‏ + اسم (٢)

(٢) للمقارنة بين أكتر من حاجتين بيقول:

أحسن موظَّفة.   أشطر واحدة.   أصغر بنت.

| أكبر / أحسن + اسم مفرد |

(٣) صفات زيِّ:

مبسوط / مدّايق / ممتاز / هايل / أمان / مُسلِّي / ممِلّ / مُتْعِب / مليان.

المقارنة: مدّايق أكتر من / ممتاز أكتر من / مليان أكتر من أو عن

المقارنة و التفضيل

الصفة ٩	المقارنة بين ٢	المقارنة بين ٣ أو أكتر
طويل	أطول من	أطول واحد
قصيرّ	أقصر من	أقصر فستان
واسع	أوسع من	أوسع جاكتّة
ضيّق	أضيق من	أضيق شقّة
عالي	أعلى من	أعلى عمارة
واطي	أوطى من	أوطى صوت
كتير	أكتر من	أكتر بلد
قليِّل	أقلّ من	أقلّ حاجة
زحمة	أزحم من	أزحم شارع

الصّفة ١٠	المقارنة بين ٢	المقارنة بين ٣ أو أكتر
حلو	أحلى من	أحلى واحدة
وِحش	أوحش من	أوحش فيلم
نِضيف	أنضف من	أنضف أوضة
تِخين	أتخن من	أتخن راجل
رُفيّع	أرفع من	أرفع ستّ
رِخيص	أرخص من	أرخص قميص
غالي	أغلى من	أغلى فستان
جديد	أجدد من	أجدد بيت
قديم	أقدم من	أقدم عربيّة

التدريبات

تدريب (٢ - أ)

وصّل (أ) مع (ب)

ب	أ
- لا طبعاً القاهرة أكبر منها .. لكن الأقصر أقدم مدينة في مصر. - لا طبعاً نهر النيل أطول نهر في العالم. - طبعاً باحبّ الشتا أكتر من الصيف عشان الشتا في مصر دافي. - مصر طبعاً أرخص من أوروبا بكتير. - في رأيي شواطئ البحر الأحمر أحلى من شواطئ إسكندريّة. - طبعاً مُسليّة بس هيَّ أصغر و أزحم مدينة في الصين.	١- هونج كونج مدينة مُسليّة؟ ٢- الأقصر مدينة أكبر من القاهرة؟ ٣- نهر النيل أطول وللا الأمازون؟ ٤- إيه رأيك شواطئ اسكندريّة أحلى وللا البحر الأحمر؟ ٥- بتحبّ الصيف أكتر وللا الشتا؟ ٦- أوروبا أرخص وللا مصر؟

تدريب (٢ - ب(١))

١- اكتب الصفة قدّام النمرة الصحّ.

٢- اعمل مباراة مع زميلك و كوّن جمل فيها مقارنة من الصفات اللي في صورة كلّ واحد. الطالب الكسبان هوَّ اللي يكوّن أكبر عدد من الجمل.

كلمات مفيدة: مِنوَّر / هـادي / مُزعج / مِضلِّم / طَري / ناشف / بطيء

مثال:

الطفل في صورة (٥) أصغر من الست في صورة (١٠).

واطي	جديد	صغيّر
قديم	دوشه	عالي
هادي	منور	مضلم
غالي	خفيف	كبير
تقيل	رخيص	

(صورة ١ طالب أ)

تخين	رفيّع	غلط
صغير	كبير	بطئ
طويل	قصير	صعب
صح	سريع	ناشف
سهل	طري	

(صورة ٢ طالب ب)

تدريب (٢ - ب(٢))

١١

استماع

أخويا سامر

اسمع و جاوب.

١- إيه مشكلة سامر؟

٢- أحمد بيقول سامر .... جداً.

٣- عيلة سامر و المُدرِّسة بيقولوا عنّه إيه؟

اكتب جُمل عن سامر.

واملا الجدول بالمعلومات.

الصفة	الجملة	الصفة	الجملة
صُغيرَّ رُفيَّع شاطر ذكي	سامر أصغر من أحمد	كويِّس ممتاز سريع نضيف	

تدريب (٢ - ج(١))

كلام

قارن أنهي أحسن؟

إنتوا عايزين تسافروا رحلة و رحتوا شركة سياحيَّة و في شركة السياحة إنتوا شفتوا إعلانات عن رحلات لليابان و فرنسا و إيطاليا.

طالب (أ): إنت عايز تزور **اليابان** و بتحاول تقول لزميلك ليه **اليابان أحسن**.

طالب (ب): إنت عايز تزور فرنسا و إيطاليا. قول لزميلك ليه الرحلة لفرنسا و إيطاليا أحسن من رحلة اليابان.

تدريب (٢- ج(٢))

نشاط (١)

اقرا الآراء دي. طالب (أ) موافق و طالب (ب) مش موافق و كلّ واحد يقارن و يقول السبب ليه موافق أو مش موافق.

١- أحسن طريقة للسفر هيَّ الأتوبيس.

٢- الأكل المصري أحسن أكل في الدنيا.

٣- المهندس أحسن وظيفة و أهم وظيفة.

٤- الطيّارة أحسن اختراع في العالم.

نشاط (٢)

قارن بين عاصمة بلدك و عاصمة بلد زميلك. اتكلّموا عن:

-الجوّ - عدد السكان - الشوارع و البيوت و أسعارها.

-المواصلات و السياحة - نوع الأشغال و المرتّبات.

-أهم الأماكن السياحيّة و اسم المطار بتاع العاصمة دي.

نصّ الاستماع لتدريب (٢ - ب(٢))

أنا اسمي أحمد. عندي أخّ اسمه سامر. أخويا سامر مملّ جداً تعرفوا ليه؟ اسمعوا هوَّ أصغر منّي و أرفع منّي شويّة .. مشكلته إنّه بيحبّ التليفزيون جداً .. طول الوقت بيتفرّج على التليفزيون. ماما بتقول إنّه أشطر من أصحابُه و أذكى من ابن الجيران اللي جنبنا. بس مش عايز يذاكر أبداً. المُدرّسة بتاعته في الفصل بتقول هوَّ أحسن واحد في الفصل و أكتر واحد ممتاز في الحساب و أسرع طالب عندها في الرياضة و أنضف واحد في الهدوم بتاعته و أكتر واحد بيجاوب في الفصل .. لكن لمّا بيرجع البيت ما بيقومش من قُدّام التليفزيون. أعمل إيه؟ أنا مدّايق منّه لكن بابا مدّايق أكتر منّي عشان هوَّ عايز سامر يفكّر و يشغّل مُخُّه مش تليفزيون وبس.

اقرا الحوار و كرّره مع زميلك.

١٢

↙ دردش معانا

تقديم (٣)

سمعت كتير عنّك

إيه هيَّ الموضوعات اللي دايماً بنتكلّم فيها لمّا بنقابل الناس لأوّل مرَّة؟

اسمع و كرّر.

علاء أنا آسف اتأخرت عليكم.

شيرين لا .. معلش إحنا وصلنا دلوقتي برضه. علاء أقدِّم لك خطيبي الدكتور حازم. حازم أقدِّم لك علاء زميلي من زمان قوي في الشغل.

علاء أهلاً وسهلاً يا دكتور حازم .. تشرَّفنا .. أنا سمعت عنَّك كتير قوي من شيرين.

حازم أهلاً بيك .. و أنا كمان سمعت عنَّك برضه من شيرين. سمعت إنَّك لعبت عشان مصر ماتش تنس حلو قوي في أمريكا.

علاء	آه .. الحمد للّه كسبت الماتش .. بس لعبت ماتشات أحسن من كده في أوروبا. و إنت سمعت إنَّك بتحبّ الرياضة. إيه هيَّ لعبتك المفضَّلة؟
حازم	أنا بالعب كلّ حاجة بس لعبتي المفضَّلة هيَّ الإسكواش. و هيَّ أكتر لعبة باحبّها.
علاء	طيِّب دي فرصة سعيدة جداً. مبسوط إنّي قابلت حضرتك.
حازم	وأنا أسعد.

لاحظ القواعد

لغة تقديم الناس لبعض:

لتقديم الناس و التعرُّف عليهم
١– أقدِّم لَك / لِك / لكو ٢– سمعت عنَّك / عنِّك / عنكو ٣– اتأخَّرت عليك / عليكي / عليكو

التحيَّة	ردّ مناسب
أهلاً وسهلاً	أهلاً بيك
تشرَّفنا	الشرف ليّا
مبسوط أشوفك	وأنا كمان
فرصة سعيدة	أنا أسعد

أسئلة لمحادثات صُغيرَّة مع ناس أوّل مرَّة نشوفها:

الموضوع	ردّ مناسب
١– أنا سمعت عنَّك كتير.	صحيح؟ و أنا كمان.
٢– إيه هوايتك المفضَّلة؟	هوايتي المُفضَّلة القراية.
٣– بتلعب جولف؟	آه. بسّ باحبّ التنس أكتر من الجولف.
٤– إيه أفلامك المفضَّلة؟	الأفلام التاريخيَّة .
٥– مين الممثل المفضَّل عندك؟	أنا باحبّ .... لكن بافضَّل عادل إمام.
٦– إيه أحسن أكل عندَك ؟	الأكل المصري أحسن أكل عندي.
٧– زرت أنهي أماكن سياحيَّة ؟	زرت .... و............ و............
٨– بتروح شغلك إزّاي؟	باروح الشغل بـ .... أو بـ ....
٩– درست إيه؟ و فين؟	درست .... في جامعة............
١٠– اتخرَّجت إمتى؟	اتخرَّجت سنة............
١١– زرت كام بلد ؟	زرت حوالي ٦ بلاد.
١٢– الجوّ حرّ قوي النهارده.	أيوه و بكرة بيقولوا الحرارة ٤٠°.

التدريبات

تدريب (٣ - أ(١))

١- اقرا و وصَّل. اعمل حوار مناسب.

٢- اسمع الحوارات و صحَّح.

٣- كرَّر الحوارات مع زميلك.

(١) ١٣ - هوايتك المفضَّلة إيه يا هاني؟ - أنا باحبّ الأكل. هوايتي المفضّلة الأكل .. باحبّ أجرَّب أكلات جديدة و مطاعم جديدة.	(أ) - آه .. فعلاً أنا رُحت كاليفورنيا في معرض للرسّامين هناك. و أنا برضه سمعت عنَّك مش عارف من مين؟ إنت بتعزف مزيّكا في الأوبرا صحّ؟ - أهلاً بيك. ده الشرف ليّا.
(٢) ١٤ - أنا سمعت عنَّك كتير قوي حضرتك بترسم في مجلة صباح الخير .. و سافرت أمريكا قريِّب صحّ؟ - آه مظبوط .. تشرَّفنا يافندم.	(ب) - أهلاً وسهلاً يافندم. -آه .. فعلاً الجولف أكتر لعبة باحبّها هيَّ مش كتير في مصر لكن أحسن لعبة عندي.

(٣) ١٥ – أقدّم لك عاطف جوزيّ يا سمير. – أهلاً بيك يا سمير. إيه أخبار الجولف؟ سمعت إنّك بتلعب الجولف. هايل!	(ج) – آه .. سمعت كده برضه. بس الخريف السنة دي أحسن من الخريف السنة اللي فاتت. – لمّا نشوف الشتا ده هيحصل إيه.
(٤) ١٦ – الجوّ اليومين دول كويِّس. – لكن بيقولوا هتبرّد شويَّة الأسبوع الجايّ.	(د) – آه .. أنا بادرس في كليِّة التجارة. أنا في سنة تانية. و أنا برضه باشوف حضرتك في الكافيتريا.
(٥) ١٧ – الدنيا زحمة قوي .. الأتوبيس اتأخَّر قوي. أنا عندي محاضرة بعد ساعة .. حضرتك في كليِّة التجارة معايا برضه؟ – أنا باشوفك كلّ يوم في المحطَّة.	(هـ) – أنا باحبّ هوايات كتيرة لكن الموسيقى الكلاسيك هيَّ أجمل هواية عندي. باحبّ أسمع مزيكا و أحضر حفلات كتير في الأوبرا عشان أسمعها. و إنت هوايتك المفضَّلة إيه؟

تدريب (٣ - أ(٢))

إنت قابلت زميلك لأوّل مرّة .. اسأل زميلك عن الحاجات دي. حاول تعرف معلومات عنُّه عشان تتعرّف عليه و تعمل معاه حوارات صغيرّة للتعارف:

- حفلات الموسيقى؟	أي نوع حفلات؟ إيه هيَّ الموسيقى المفضَّلة عنده؟
- الأكل برَّة؟	إيه أحسن مطعم في رأيه؟ إيه أكتر أكل بيحبُّه؟
- كرة القدم؟	بيشجَّع أنهي فريق؟ مين أحسن فريق في رأيه؟
- الرياضة؟	أكتر لعبة بيحبّها؟ بيلعب إيه / بيحبّ إيه أكتر من إيه؟ بيلعب فين؟ أنهي نادي بيحبّه أكتر؟
- السينما؟	إمتى / كلّ قدّ إيه؟ أكتر أفلام بيحبّها؟ مين الممثِّل المفضَّل عنده؟
- الكتب؟	أنهي كتب؟ مين الكاتب المفضَّل؟ بيقرا إمتى؟ و فين؟

– الدراسة؟	درس إيه؟ / اتخرَّج منين؟ دلوقتي بيدرس إيه؟ عايز يدرس تاني بعد كده وللا لأ؟
– الجوّ؟	الجوّ شكله إيه النهارده؟ بيقولوا إيه عن الجوّ بكرة؟
– الزحمة؟	ليه فيه زحمة النهارده؟ مافيش عسكري مرور؟ مافيش احترام للنظام؟

كرَّر الأسئلة مع باقي الزملاء.

تدريب (٣ – ب)

١٨

حوادث .. حوادث

كلمات مفيدة: حادثة / كَسَر / دِراع / خَبَط / وِقِع / رِجْل / سلامتك / يعدّي / قِشْر موز

١- اسمع و جاوب.

حصل إيه لـ

– حليم ....

– صبري ....

٢- اسمع مرةً تاني و جاوب.

أ- حليم بيشتغل إيه؟

ب- صبري بيشتغل إيه؟

ج-حليم مبسوط من المستشفى ليه؟

د- صبري مبسوط من المستشفى ليه؟

٣- إنت دلوقتي في المستشفى اعمل حوار زيّ اللي فات في مواقف تانية مع زميلك:

١- عملت حادثة و إنت بتسوق العربيةّ.

٢- وقعت من الأتوبيس إمبارح و كسرت دراعك.

٣- الشاي السُخن وقع على إيدك.

٤ - اتخانقت مع سوّاق التاكسي و اتعورّت.

تدريب (٣ - ج(١))

تمثيل

(أ) لكلّ الطلبة: اكتب في ورقة معلومات عن الأسئلة دي.

١- إيه آخر حاجة عملتها أو بتعملها؟

٢- إيه آخر مكان زرته؟

٣- إيه آخر فيلم شفته؟

٤- إيه أكتر هواية بتحبّها أوتفضّلها؟

(ب) كوّن فريق من ٣ طلبة (أ .. ب .. ج). طالب(أ) يقدّم طالب (ب) لطالب (ج).

اتبع المثال.

(جون) طالب (أ) كيكو. أقدم لِك مارجو صاحبتي .. مارجو .. دي كيكو.

(كيكو) طالبة (ب) أهلاً وسهلاً يا مارجو.

(مارجو) طالب (ج) أهلاً بيكي مبسوطة إني شوفتك.

(جون) طالب (أ) كيكو بتدرس في كلية الطبّ.

(مارجو) طالب (ج) صحيح في أنهي جامعة؟

(كيكو) طالب (ب) في جامعة .. في جامعة طوكيو .. إلخ.

كمِّل الحوار و استخدم الاسئلة اللي في نشاط (١) عشان تكمِّل الحوار.

كرَّروا النشاط بالتبادل.

تدريب (٣ - ج(٢))

١- كوِّن مجموعات من ٤ طلبة.

٢- قدِّم زميلك للمجموعة و حاول تعرَّفه و تتكلِّم عنه.

٣- المجموعة تسأل زميلك أسئلة عشان تعرف معلومات عامّة عنُّه في موضوعات زيّ:
البلد - الدراسة - مدينة السكن - الجامعة - الشقَّة بتاعته - الأفلام - الرياضة المفضَّلة - الهواية .. إلخ.

٤- يتكرَّر النشاط مع كلّ طالب في المجموعة.

٥- حاول تكتشف حاجة مشتركة كلّ المجموعة بتحبّ تعملها.
٦- غيرً المجموعة و كرًّر نفس النشاط.

نصّ الاستماع لتدريب (٣ - ب)

حليم مساء الخير يافندم سلامتك! إنت كسرت رجلك وللا إيه؟

صبري آه .. عربيَّة خَبَطِتني و أنا باعدِّي الشارع و كسرت رِجلي .. والحمد للّه على كده. و إنت إيه حكايتك؟

حليم أنا مشيت على قِشْر موز في الشارع و وقِعت و كسرت دِراعي اليمين و شُغلي وِقِف.

صبري حضرتَك بتشتغل إيه؟

حليم أقدّم لك نفسي أنا حليم كدواني رسّام في مجلة صباح الخير. كلّ يوم بارسم في المجلّة و دلوقتي مش قادر أرسم طبعاً عشان دِراعي.

صبري أهلاً وسهلاً و أنا صبري خليل محاسب في بنك القاهرة.

حليم فرصة سعيدة .. لكن مبسوط من المستشفى دي؟

صبري آه. الحمد للّه المستشفى دي أنضف. و الدكاترة أشطر. و الممرضات ألطف من المستشفى اللي في أوِّل الشارع.

حليم والأسعار بتاعتها أرخص شويَّة .. أنا باقول دي أرخص أسعار في محافظة الجيزة كلَّها.

صبري أنا باقول كده برضه. طيِّب مع السلامة التاكسي بتاعي برَّة .. تشرَّفت قوي بحضرتك.

حليم الشرف ليّا .. سلامتك ألف سلامة.

من واقع الحياة

١٩

الاستماع

خطيبتي المُتعِبة

كلمات مفيدة: مُريح / مُتعِبْ / سيبك منها

١- اسمع و جاوب.
كمال مبسوط من خطيبته؟

٢- اسمع مرّة تانية.
كمال بيقول:

نوال	هالة
- مش حلوة	أحلى من نوال و ....
- مش غنيَّة	....
- و	....
- و	....
	هيَّ بـ................ مابـ................
	هيَّ عايزة شقّة ....
	و......... و.........
	هيَّ اشترت .... و..................
	هيَّ هـ..............

٣- إنت عايز تتجوِّز واحدة زيّ كده؟ اتكلِّم مع زميلك. عايز تتجوِّز بنت شكلها إيه و صفاتها إيه؟ فتاة أحلامك شكلها إيه؟

٤- إنتي عايزة تتجوِّزي واحد زيّ كده؟ اتكلِّمي مع زميلك. عايزة تتجوِّزي راجل شكله إيه و صفاته إيه؟ راجل أحلامِك شكله إيه؟

٥- أنهي الإجابة الصحيحة؟

سيبك منها يعني:

- ماتقابلهاش دلوقتي.
- مش مهمّ بتقول إيه أو رأيها إيه.
- بلاش تتجوِّز البنت دي.

نصّ الاستماع لواقع الحياة

شوقي	إيه مالك يا كمال متدايق ليه؟ أخبار هالة خطيبتك إيه؟
كمال	إم .. يعني .. مش قوي .. مش أحسن واحدة.
شوقي	ليه بس؟ ده إنت سِبت نوال خطيبتك اللي فاتت عشان قلت مش حلوة و مش غنيَّة و تخينة و مش ذكيَّة.
كمال	آه .. صحّ خطيبتي دي أحلى و أجمل من نوال و طبعاً أغنى و أرفع و أذكى منها خالص.
شوقي	طيِّب إنت مدّايق ليه؟
كمال	مش عارف. مُتعبة قوي. و بتتكلِّم على طول .. مابتسكتش.
شوقي	معلش بكرة تتكلِّم مع الأولاد أو تسكت بعد الجواز لكن مُتعِبة ليه تاني؟
كمال	إمبارح رحنا شفنا شقّة رخيصة و كويِّسة قالت لا .. أنا عايزة شقَّة أوسع و أكبر و أقرب من كده دي ضيّقة .. و طبعاً شقَّة زيّ دي أغلى. و أنا ماعنديش فلوس عشان كده.
شوقي	إم .. دي مشكلة فعلاً .. و عملتوا إيه تاني؟

كمال نزلنا البلد .. مش مبسوطة من أيّ حاجة .. الشوارع زحمة و الفساتين وحشة .. دي اشترت الأسبوع اللي فات ٩ فساتين و عايزة تشتري الفستان العاشر .. و لازم أقوم دلوقتي بسرعة علشان أقابلها و تروح تتفرَّج على أغلى و أكبر عربيَّة في السوق طبعاً.

شوقي لا .. لا .. دي مُتعِبة قوي .. سيبك منها.

القراءة

إنت عايز تأجَّر شقّة. اقرا الإعلان. اختار الشقَّة المناسبة.

اتكلِّم مع زميلك ليه اخترت الشقَّة دي؟ قارن الإعلانين.

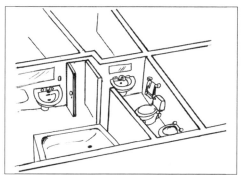

للإيجار

شقَّة في وسط البلد	شقَّة في النزهة الجديدة
– أوضتين نوم ٤×٣ متر^{٢} (متر مربع)	– ٣ أوض نوم ٨×٤ متر^{٢}
– صالة ٥×٦ متر^{٣}	– صالتين ٥×٦ متر^{٢}
– حمّامين	– ٣ حمّامات
– بالكونة	– بالكونتين
– أسانسير/ الدور العاشر	– الدور التّاني
– من غير بوّاب	– بجنينة
– قريِّبة من ميدان التحرير	– هادية
– جنب المترو	– قريِّبة من سوق النزهة
– الإيجار ٨٠٠ ج في الشهر	– الإيجار ٢٠٠٠ ج في الشهر

المقارنة

شقَّة وسط البلد	شقَّة النزهة الجديدة
١– مِضَلّمة أكترمن شقَّة النزهة.	١– مِنورَّة أكتر من شقَّة وسط البلد.
٢– فيها شبابيك أكتر.	٢– فيها شبابيك أقلّ.
٣–	٣–
٤–	٤–
٥–	٥–
٦–	٦–

الكتابة

إنتوا عايزين تأجَّروا شقَّة مع بعض.

١- قارن بين طلبات زميلك و طلباتك.

٢- اكتبوا إعلان عايزين شقَّة شكلها إيه.

٣- إسأل زملائك عن طلباتهم همَّ كمان و قارن.

٤- اقرا للفصل الإعلان بتاعك.

الكلام

موقف (١)

إنت رحت حفلة لأوِّل مرَّة و ماتعرفش ناس كتير.

حاول تقدِّم نفسك و تتعرّف عليهم.

موقف (٢)

أوِّل يوم في الكورس إنت قاعد في الكافيتريا.

عايز تتعرَّف على باقي الطلبة في الفصل.

موقف (٣)

إنت و أصحابك عايزين تروحوا مطعم تاكلوا.

كلّ واحد يقول رأيه عايز يروح فين؟

قارن بين رأي كلّ واحد.

المطعم بعيد / رخيص/ أكله لذيذ / الخدمة كويِّسة / سريع / بطئ .. إلخ.

استعمل لُغة المقارنة.

مثال:

مطعم الباشا أغلى لكن الخدمة أسرع.

افتـــكر

(١) الصفات مع النوع

العدد	المفرد	المثّنى	الجمع
	(أ) الحاجات		
مؤنَّث مذكَّر	عربيَّة جِديدة كتاب جِديد	عربيِّتين جُداد كتابين جُداد	عربيّات جديدة / جُداد كتب جديدة / جُداد
	(ب) مع الناس		
العدد	مفرد	مثنَّى	جمع
مؤنَّث مذكَّر	بنت طويلة موظَّف طويل	بنتين طُوال ٢ موظَّفين طُوال	بنات طُوال موظَّفين طُوال

نفي الصفة = مش + الصفة

(٢) (أ) المقارنة بين حاجتين

حامد | أكبر + من | علي

(ب) المقارنة بين ٣ حاجات أو أكتر

حامد | أكبر + واحد

(ج) استخدام صفات طويلة (أصلها فعل أكتر من ٣ حروف)

أحمد مدّايق عن سلوى

سميرة ممتازة أكتر من ليلى

(٣) لتقديم الأشخاص والتعارف بنقول

أقدّم لَك	أقدِّم لِك	أقدِّم لكو ....
سمعت عنَّك	سمعت عنِّك	سمعت عنكو
اتأخّرت عليك	اتأخّرت عليكي	اتأخّرت عليكو

الوحدة الرابعة

١

محتويات الموضوعات في الوحدة الرابعة

- تقديم (١) ذكريات و وصف مدينة أو بلد في الماضي.
- تقديم (٢) ذكريات الطفولة و عادات الماضي.

درردش معانا

- تقديم (٣) السؤال عن أماكن الخدمات و وصف المباني.

فهرس الكلمات الجديدة في وحدة ٤

تقديم (١)
جناين – شجر – نور – بسكلتّة – نظام – عجلة – قطعوها – بيّاع جرايد
– بسيطة – الحياة – يجنّن – حمار – بقرة – على بُعد – تلوّث – عربيّات مَلّاكي
– مترو الأنفاق – اتغيّر – قرية.

تقديم (٢)
الرمل – عيد – عيديّة – كَحك – يطيّر – كلاب – البلد – بطاطا – حمام
– حيوانات – ذكريات الطفولة.

تقديم (٣)
مَغْسلة – بَقّع – وَسّخ – فستان سواريه – بُقْعَة – وصفة السكّة – وزارة الخارجيّة
– مطافي – قصر – مبنى.

من واقع الحياة:
يصوم – يصلّي – فانوس – مِسَحّراتي – سهرة – أنغام – الاشتراك – الرقّاصة
– تبتدي – بوّابة – مُقارنة – الدليل الأصفر – دليل القاهرة – يحمّض فيلم
– جواهِرْجي – جَزْمَجي – يصرف فلوس – جَدْ – طَرْد – الفِطار.

تقديم (١)

ذكريات عن مصر زمان

أستاذ سعيد مشكور كاتب مشهور بيكتب قصص طويلة.
هوَّ دلوقتي راجل كبير في السن وبيعمل
حوار مع مُذيعَة في الراديو.

اسمع.
إيه الفرق بين القاهرة زمان
و دلوقتي؟

مُذيعَة	لو سمحت يا أستاذ سعيد ممكن تكلّمنا شويّة عن مصر زمان و إيه الفرق بين القاهرة زمان ودلوقتي؟
سعيد	شوفي ياستي. زمان كانت القاهرة فاضية ماكانش فيها ناس كتير زيّ دلوقتي ماكانتش زحمة و دوشة زيّ دلوقتي كان فيها هدوء.
مُذيعَة	و الشوارع كان شكلها إيه؟
سعيد	الشوارع كانت مليانة شجر كان فيه شجر و جناين في الشارع .. و كان فيه نظام في المرور دلوقتي فيه دوشة و مافيش نظام في المرور.
مُذيعَة	و حضرتك كنت ساكن فين؟
سعيد	أنا اتولدت في القرية و كنت ساكن هناك لغاية ماخلّصت المدرسة.
مُذيعَة	و القرية كان شكلها إيه؟
سعيد	القرية كانت جميلة .. كنّا ساكنين في بيت وسط الشجر .. كان عندي

بسكلتّة عشان ماكانش فيه أتوبيس للمدرسة و ماكانش فيه نور في كلّ مكان .. ولا ميّه جوّة البيوت .. لكن الحمد للّه دلوقتي فيه نور و ميّة و مدارس كتير في كلّ مكان في القرية.

مُذيعَة شكراً .. يا أستاذ سعيد .. ألف شكر.

سعيد العفو مع السلامة.

لاحظ القواعد

دلوقتي ٣			زمان ٤			
أنا	عَندِي		أنا		عَندِي	
إنت	عَنْدَك		إنت		عَنْدَك	
إنتي	عَنْدِك	عربيّة	إنتي		عَنْدِك	بسكلتّة
هوَّ	عَنْدُه	شقّة	هوَّ		عَنْدُه	أوضة
هيَّ	عَنْدَها		هيَّ	كان	عَنْدَها	
إحنا	عَنْدِنا	مشكلة	إحنا		عَنْدِنا	مشكلة
إنتوا	عَنْدُكو	مشاكل	إنتوا		عَنْدُكو	مشاكل
همَّ	عَنْدُهم	زحمة	همَّ		عَنْدُهم	زحمة
		دوشة				دوشة
فيه			كان عند / فيه			
مافيش			ماكانش عند / فيه			

دلوقتي ٥			زمان ٦			
أنا	ساكِن		أنا	كُنْتْ	ساكِن	
إنت	ساكِن	في المدينة	إنت	كُنْتْ	ساكِن	في المدينة
إنتي	ساكْنَة	في الريف	إنتي	كُنْتي	ساكْنَة	في الريف
هوَّ	ساكِن	في شقّـة	هوَّ	كَانْ	ساكِن	في شقّـة
هيَّ	ساكْنَة	في ڤيلا	هيَّ	كَانِتْ	ساكْنَة	في ڤيلا
إحنا	ساكْنِين	في بيت كبير	إحنا	كُنّا	ساكْنِين	في البيت
إنتوا	ساكْنِين		إنتوا	كُنْتُوا	ساكْنِين	الكبير
همَّ	ساكْنِين		همَّ	كَانُوا	ساكْنِين	
أيوه	ساكِن		كانْ ساكِن			
لا	مش ساكِن		لا ما كانْش ساكِن			

تدريب (١ – أ)

كمّل بالتصريف المناسب مع الفعل (كان).

١– إنت ما .... عندك عربيّة حمرا قبل كده. صحّ؟

٢– همَّ ما .... عندهم ڤيلا أبداً لكن .... عندهم بيت كبير من زمان قوي.

٣– الراجل ده .... عنده شنب ودقن قبل كده. صحّ؟

٤– سمير .... ساكن في وسط البلد زمان.

٥– أنا .... ساكن في أسيوط وبعدين سكنت في القاهرة لمّا دخلت كليّة الشرطة.

٦– ابني .... عنده لِعب كتير وبسكلتّة جميلة لمّا كان صغيّر.

٧– إنتوا .... ساكنين مع بعض أيّام الجامعة؟

٨- لا إحنا ما .... عايشين في طنطا لكن .... عايشين في طنطا.

٩- لوسمحت .... فيه محل جزّار هنا السنة اللي فاتت .. قَفَل وللا إيه؟

١٠- أنا زعلان قوي. .... فيه شجرة كبيرة قُدّام البيت والجيران قطعوها.

١١- إنت .... ساكن جنب المدرسة قبل الجامعة صحّ؟

١٢- ياعم عبده .... فيه واحد بيّاع جرايد هنا راح فين؟

صحّح مع زميلك.

٧

تدريب (١ - ب)

بيت جدّتى

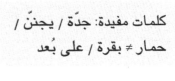

كلمات مفيدة: جدّة / يجنن / حمار ≠ بقرة / على بُعد

اسمع وجاوب.

(أ) ١- دي صورة مين؟

٢- ده بيت ساهر؟

(ب) ١- البيت كان فيه ....

و .... و ....

٢- كان .... كبيرة و ....

(ج) ١- ساهر كان عنده .... و .... و..............

٢- كان عنده جيران؟

٣- كانوا ساكنين فين؟

٤- إيه رأيه في أيّام زمان؟

تدريب (١ - ج(١))

اسأل زمايلك في الفصل عن الأفكار دي عشان يحكي عن مدينته أو بلده زيّ المثال.

الأفكار	(زمان) كان فيه / ماكانش فيه / كان ساكن .. إلخ.
المدينة	كان فيه في مدينتي ناس قليّلة وماكانش فيه زحمة و.. إلخ.
الشوارع	
المحلّات	
الجيران	
المرور	
البيت	
الأصحاب	
الأسرة	
المدرسة	
النادي	
الألعاب	كان عندي عجلة .. إلخ.
الجوّ	

كلمات مساعدة: جنينة - شجر - تلوّث - زحمة - إخوات - رحلات - دوشة - هدوء - مُدرّسين - مشكلة - المرور - ساكن - تليفون - دِش - DVD - تُرماي - مترو الأنفاق - عربيّات ملّاكي - أتوبيسات - ضيّق - واسع

تدريب (١ - ج(٢))

كلّ طالب يقول للفصل حكاية من حكايات زمان في المدرسة أو مع الجيران أو مع أصحابه حصلت و هوّ صغيّر و الطالب الكسبان هوّ اللي يقول أكتر حكاية مُضحكة.

نصّ الاستماع لتدريب (١ - ب)

ناهد	صورة مين دي يا ساهر وإيه البيت ده؟ ده بيت مين؟
ساهر	دي صورة جدّتي ودي صورة بيتها.
ناهد	ياه .. ده كان بيت جميل قوي .. ضخم جداً.
ساهر	آه.. ده كان بيت يجنّن. كان واسع قوي. كان فيه حوالي ٨ أُوَض نوم وصالتين و٣ حمّامات.
ناهد	ياه .. ٨ أوض نوم و صالتين و٣ حمّامات و كان عندكو جنينة؟
ساهر	كان عندنا جنينة كبيرة و مليانة شجر فواكه.كان عندي شجرة مانجة باسمي أنا لوحدي. وطبعاً كان فيه شجر برتقان وخوخ وجوافة و كلّ الفواكه والخضار كمان.
ناهد	وكان فيه جيران جنبكم؟
ساهر	آه .. كان فيه جيران .. همَّ كانوا ساكنين على بُعد ١٠٠ متر .. و كان عندهم بنت صغيّرة. كانت لطيفة قوي. لعبنا مع بعض كتير .. و طلعنا الشجر و كان أصحابي مبسوطين قوي من البيت بتاعي. و كانوا دايماً بيزوروني عشان كان عندي حمار صغيّر .. وكلب .. و بقرة أشرب منها لبن طازة كلّ يوم الصبح. ياسلام أيّام زمان كانت جميلة قوي.

٨

تقديم (٢)

ذكريات الطفولة

صبري كان بيعمل إيه لمّا كان صغيرّ؟

اسمع:

ناجي ودي صورة مين؟

صبري دي صورتي وأنا صغيرّ.بُصّ. كنت لابس لِبْس المدرسة وماسك السندوتش بتاعي وشايل شنطتي.

ناجي كنت بتروح المدرسة بالأتوبيس؟

صبري آه .. كنت باركب الأتوبيس الساعة ٦ الصّبح .. و لمّا كنت باركب الأتوبيس كنت باكل السندوتش بتاعي. و لمّا كنت باخد استراحة الساعة ١١ كنت باكل السندوتش بتاع أخويا كمان ها .. ها.

ناجي وبُصّ دي صورتك في النادي .. ياه كنت صغيرّ قوي!

صبري آه .. كان عندي حوالي ٨ سنين وكنّا أنا وأخواتي بنروح النادي في الصيف كلّ يوم .. كنت باعوم ساعتين كلّ يوم.

ناجي و دي صورتك مع أختك نوال؟

صبري آه .. بالظبط .. و لمّا كنّا في الصيف بنروح إسكندريّة .. إخواتي كانوا بيحبّوا يطيرّوا طيّارات .. و أختي نوال دايماً كانت بتلعب مع بنت خالتي في الميّة.

ناجي و دول مين؟

صبري دول جدّتي سميرة وجدّي صالح كانوا بيزورونا و بيروحوا معانا إسكندريّة أسبوع أو إتنين لمّا كنّا بنسافر في الصيف ..
ياسلام يا ناجي كانت أيّام جميلة. دلوقتي مافيش وقت و لا باروح النادي .. ولا باعوم. مابالعبش رياضة خالص.

لاحظ القواعد

٩

(١) التصريف

الضمير	كان	الفعل المضارع	باقي الجملة
أنا	كُنْتْ	باركب	الأتوبيس السّاعة ٦ الصبح.
إنت	كُنْتْ	بتروح	النادي كلّ يوم تلعب كراتيه.
إنتي	كُنْتي	بتعومي	ساعتين كلّ يوم في النادي.
هوَّ	كَانْ	بيلعب	شطرنج على الشاطئ.
هيَّ	كَانِتْ	بتحِبّ	تلعب في الرمل.
إحنا	كُنّا	بنسافر	إسكندريّة في الصيف.
إنتوا	كُنْتُوا	بتطَيّروا	طَيّارات على البلاج.
همَّ	كَانُوا	بيزوروا	العيلة كلّ صيف.

النفي: ماكانش بيلعب في الرمل
ما + كان + ش + ب + الفعل المضارع

(٢) لاحظ الجملة

لمّا كنت باروح النادي كنت باعوم ساعتين

جملة (١) لمّا + كان + ب + فعل مضارع

جملة (٢) كان + ب + فعل مضارع

التدريبات
تدريب (٢ – أ)

كلمات مفيدة: عيديّة / عيد / كَحْك

وصّل الجملة أ مع الجملة ب.

ب	أ
أ– كانوا بيلعبوا كورة كتير.	١– لمّا كنت باروح المدرسة
ب– كنت باحبّ الكلاب.	٢– أخويا كان بيحبّ يروح المدرسة بالعجلة
ج– لمّا كان عنده ١١ سنة.	٣– لمّا كنت صغيّر
د– لمّا كنتي صغيّرة صحّ؟	٤– إخواتي لمّا كانوا في المدرسة
هـ– كنّا بنحبّ نزور جدّي في البلد.	٥– إنتي كنتي بتحبّي تتفرّجي على أفلام كارتون
و– في أوّل يوم العيد.	٦– لمّا كان بييجي العيد
ز– بناكل بطاطا من البيّاع اللى جنب المدرسة.	٧– بابا كان دايما بيدّينا العديّة الصبح
ح– لمّا كان العيد بيقرّب.	٨– بعد المدرسة أنا وصاحبي كنّا دايما
ط– كنت بالعب كراتيه.	٩– تيتة كانت بتحبّ تعمل كَحْك

١٠

تدريب (٢ – ب)

عادات – وأعياد

كلمات مفيدة: عادات / حَمَام / بسكوت / هدوم

اسمع و جاوب: ندا هتتغدّى فين؟

اسمع مرّة تانية و جاوب:

- الناس زمان كانت بتتغدّى فين ومع مين؟
- مين كان بيطبخ الأكل؟
- إيه عادات العيلة المصريّة دي في العيد؟

اتكلّم مع زميلك:

إيه هيَّ عادات بلادكم في يوم العيد؟

- بتشتروا إيه؟
- بتلبسوا إيه؟
- نوع الأكل؟
- الزيارات؟
- بتاكلوا فين؟

مع مين؟

تدريب (٢ - ج)

اتكلّم مع زمايلك في الفصل عن ذكريات الطفولة واسأل اسئلة زيّ كده:

- إيه الرياضة اللي كنت بتحبّ تلعبها لمّا كنت صغيّر؟
- كنت بتروح فين في الأجازة لمّا كنت صغيّر؟
- إيه الهواية اللي كنت بتعملها؟

الطالب	الهواية	الحيوانات	الأجازة	العيد	الرياضة	الموسيقى
١-						
٢-						
٣-						
٤-						
٥-						
٦-						

نصّ الاستماع لتدريب (٢ - ب)

ندا كلّ سنة و إنتي طيّبة يا تيتة. النهارده العيد.

تيتة و إنتي طيّبة يابنتي .. هتعملي إيه إنتي و جوزك و الولاد؟

ندا هنخرج .. يمكن نروح مطعم في الغدا و نتغدّى برّة.

تيتة تتغدّوا برّة!! ليه برّة؟ و فين البيت و العيلة؟

ندا لا .. خلاص يا تيتة الناس مش فاضية. بيت إيه؟

تيتة ياسلام فين أيّام زمان؟ العيد ده كان أحسن وقت.

ندا ليه يا تيتة كنتوا بتعملوا إيه؟

تيتة قبل العيد بيومين كنت باعمل الكحك و البسكوت و ليلة العيد كنّا بننزل أنا و جدّكو و باباكو و نشتري هدوم العيد و كلّكم كنتوا بتلبسوا الهدوم الجديدة يوم العيد الصبح.

ندا طيّب مين كان بيطبخ الأكل؟

تيتة طبعاً أنا. شوفي .. بعد الفطار الصّبح كان جُدكو بيدّي كلّ الولاد العِيديّة و بعدين كنتوا بتلبسوا بسرعة و بتنزلوا عشان كنتوا بتروحوا مع جدّكوا تزوروا العيلة.

ندا و إنتي كنتي بتعملي إيه يا تيتة؟

تيتة لمّا كلّهم كانوا بينزلوا يزوروا العيلة .. كنت أنا باقعد في البيت أطبخ أكْل العيد و أعمللكو الفراخ و الحَمَام و كلّ أكل العيد .. ماكانش فيه أكل برّة أبداً يوم العيد.

ندا يعني كان مين بياكل عندنا؟

تيتة كلّ العيلة عِمَامك وخالاتك وجدّتك التانية. و ضيوف تاني من العيلة .. و كنّا كلّنا بناكل مع بعض. و إنتوا كنتوا بتلعبوا مع ولاد عمّكم و خالكم بعد الغدا. ياسلام فين أيّام العيد زمان. دلوقتي ماحدّش فاضي و كلّ الناس مشغولة.

تقديم (٣)

١١

ماتعرفش فين ألاقي .. ؟

ماتعرفش إزّاي ألاقي .. ؟

كلمات مفيدة: مَغسَلة / بَقّع / وَسّخ / فستان سواريه / بُقْعّة

بُصّ للصورة:

١– الستتين دول رايحين فين؟

٢– إيه مشكلة الستّ دي؟

٣– حصلت لك المشكلة دي قبل كده؟

٤– عملت إيه في المشكلة دي؟

اسمع و جاوب على الأسئلة اللي فاتت.

اسمع.

عفاف	إيه ده يا مرڤت إنتي غيرّتي الفستان السواريه الأحمر ليه؟ ده كان حلو قوي عليكي. إحنا اتأخّرنا على الفرح.
مرڤت	شربت قهوة وبَقّعت الفستان بالقهوة .. فطبعاً غيرّت الفستان و لبست الفستان الأخضر .. معلش اتأخّرت شويّة. ماتعرفيش فين ألاقي مَغسلة كويّسة ياعفاف تنضّف الفساتين السواريه؟
عفاف	آه .. شايفة المبنى الإزاز الضخم ده .. هناك ورا المبنى ده فيه واحدة كويّسة.
مرڤت	لا .. لا .. دي بعيدة قوي فيه مَغسلة أقرب من دي؟
عفاف	آه .. فيه مَغسلة زيّ الفُلّ ورا العمارة العالية هناك قُصاد البنزينة الكبيرة على الناصية .. بس أغلى شويّة من المَغسلة الأولانيّة.
مرڤت	لا مش مهمّ أغلى .. وللا أرخص .. المهمّ أسرع و أنضف و بسّ .. عشان ده فستان غالي قوي .. أغلى من فستاني الأخضر.
عفاف	آه .. فعلاً .. ياللا نروح المحل دلوقتي.
مرڤت	نروح إزّاي دلوقتي؟ وإحنا اتأخّرنا على الفرح .. لا بعدين .. بعدين .. عشان إيه نروح دلوقتي؟
عفاف	لا .. لا .. لازم دلوقتي عشان إنتي عندك بُقْعّة تانيّة في ضَهر الفستان ده .. إنتي وسّختي الفستان ده كمان بالقهوة.
مرڤت	إيه؟ بُقْعّة في ضَهر الفستان؟ لا .. لا .. مش معقول!! بجدّ .. لا .. لا مش معقول! بالقهوة تاني .. ماتعرفيش فين أقدر أشتري واحد تاني؟ وماتعرفيش فين أحسن محل بيبيع فساتين سواريه؟

لاحظ.

للسؤال عن الأماكن والمحلَات	للإجابة مع وصف المباني و المحلَات
١– ماتعرفش فين ألاقي مَغسلة كويّسة؟ ٢– ماتعرفيش فين ألاقي صيدليّة رخيصة؟ ٣– ماتعرفيش فين ألاقي ساعاتي يصلّح الساعة دي؟	١٢ آه بُصّ هنا ورا المبنى الإزاز ده. قُصاد العمارة العالية دي .. فيه صيدليّة. أفتكر جنب المبنى الضخم ده على يمينَك.
ماتعرفش ماتعرفيش + فين + ألاقي + اسم؟ ماتعرفوش	آه / بُصّ / لا ماعرفش / أفتكر / شوف / امشي على طول / مش متأكّد / خُشّ يمين هتلاقي على ...
١– ماتعرفش أقدر أصلّح الساعة دي فين؟ ٢– ماتعرفيش أقدر أروح عابدين إزّاي؟ ٣– ماتعرفوش أقدر أشتري طوابع منين؟	١٣ آه .. بُصّ وراك جنب المبنى الأصفر ده. أفتكر لازم تركب أتوبيس. خُشّي شمال هتلاقي مكتب بريد على يمينِك.
ماتعرفش + أقدر + فعل .... فين؟ إزّاي؟ منين؟	

- ماتعرفش المُجمّع فين؟ = ماتعرفش فين المُجمّع؟
- ماتعرفش فين أحسن / أكبر / أحلى محل يبيع شُنط؟

ماتعرفش فين + اسم؟ = ماتعرفش + اسم + فين؟

التدريبات

تدريب (٣ - أ)

طالب (أ) اسأل زميلك عن اسم أماكن الحاجات دي:

١- عايز تصلّح الكاميرا بتاعتك.
٢- عايز تنضّف الجاكتّة بتاعتك.
٣- عايز صور عشان تِجَدِّد الباسبور.
٤- عايز تصوّر ورق للدرس.
٥- عايز تشتري دوا.
٦- عايز تحلق شعرك.
٧- عايز تكلّم عيلتك في أوروبا.
٨- عايز تشتري هديّة لزميلتك.

طالب (ب) اوصف أماكن الحاجات دي لزميلك وارسم خريطة لزميلك عشان تقولّه فين أماكن المحلّات دي فى المنطقة بتاعتك.

وسيلة مساعدة استعمل خريطة مدينة القاهرة للمنطقة بتاعتك.

واستعمل كلمات زيّ:

بُصّ - شوف ياسيدي - خُشّ .. هتلاقي - على يمينَك - وراك - مش عارف - مش متأكّد - أفتكر امشي على طول - يمكن هناك فيه .. إلخ.

تدريب (٣ - ب)

كلماة مفيدة: وصفة السكّة

استماع: اسمع حوار بين مادلين و صاحبتها ندا و جاوب:

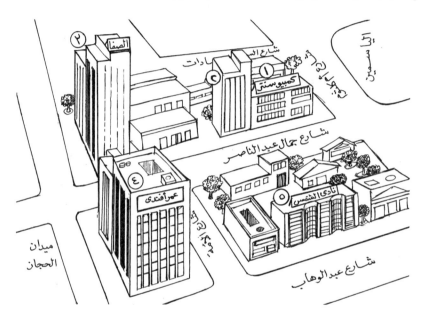

١- ندا عايزة محلّ إيه؟

٢- ليه عايزة المحلّ ده؟

٣- مادلين متأكّدة من وصفة السكّة؟ عرفت إزّاي؟ هيَّ استعملت تعبيرات إيه؟

٤- اكتب اسم المبنى اللي تسمعه قدّام النمرة.

٥- نمرة كام المحلّ بالظبط؟

اسمع مرّة تانيّة و كرّر الحوار مع زميلك.

اسأل زميلك عن أقرب محلّ كومبيوتر يعرفه. اسأله عن وصف السكّة و شكل المحلّ.

تدريب (٣ - ج(١))
تدريب تمهيدي

(١) اقرا أسماء مباني موجودة في مصر زيّ:

١- عمارة الإيموبيليا.

٢- مبنى التليفزيون.

٣- مبنى التجارة العالمي (ورلد تريد سنتر).

٤- مبنى وزارة الخارجيّة.

٥- فندق النيل هيلتون.

٦- محكمة عابدين.

٧- مبنى البنك الأهلي.

٨- مبنى الأهرام.

٩- مبنى الجامعة الأمريكيّة.

١٠- قصر عابدين.

١١- مطافي وسط البلد.

١٢- قسم البوليس.

(٢) طالب (أ): اختار مبنى واسأل زميلك:
ماتعرفش فين مبنى ....؟
ماتعرفش أقدَر أروح مبنى .... إزّاي؟
طالب (ب): اوصف المبنى و اوصف السكّة لزميلك.

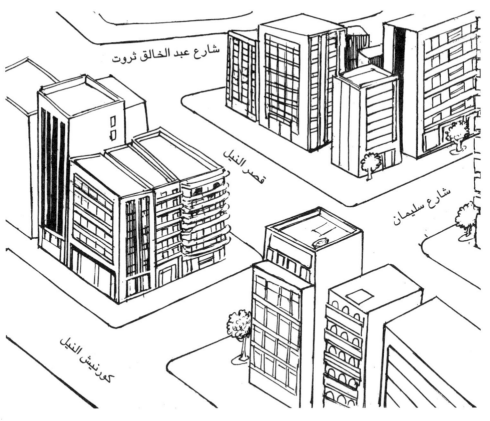

شارع عبد الخالق ثروت

قصر النيل

شارع سليمان

كورنيش النيل

(٣) اعكس الأدوار و كرّر النشاط مع أماكن تانية.

تدريب (٣ – ج(٢))

١- اسأل عن أسماء أهم مباني القاهرة و اكتب اللستة.

٢- اختار واحد منها واسأل زميلك أو واحد مصري إزّاي تروح المبنى ده و استعمل
نفس الأسئلة اللي فاتت.

نصّ الإستماع لتدريب (٣ - ب)

ندا يا مادلين إنتي فينك .. أنا عايزاكي.

مادلين خير .. فيه إيه ياندا؟

ندا ماتعرفيش ألاقي فين محلّ كومبيوترات كويّس عايزة أشتري واحد لجوزي عيد ميلادُه قَرّب بعد يومين. و أنا عايزة حاجة كويّسة.

مادلين بُصّي .. إنتي عارفة فين ميدان الحجاز في مصر الجديدة؟

ندا آه .. عارفة .. بيقولوا فيه هناك مول كبير قوي عشان الكومبيوتر وماتعرفيش فين بالظبط؟

مادلين يعني .. أنا مش متأكّدة قوي فين بالظبط .. بسّ فيه هناك مبنى كبير قوي في المنطقة دي على الناصية .. فيه عمر أفندي. و الناصية التانية نادي الشمس.

ندا آه .. بالظبط هناك فيه المول ده؟

مادلين لا .. لا امشي شويّة وعدّي الشارع .. هتلاقي قُدّامك مبنى ألوميتال إسود كده. اسمه عمارة الصفا .. جنبه على طول فيه عمارة قصيرّة بشبابيك خضرا.

ندا ماشي مبنى ألوميتال إسود وجنبه عمارة قصيرّة بشبابيك خضرا.

مادلين هتلاقي بعد كده قُصاده مبنى مش ضخم قوي لونه أصفر أفتكر جنبه على طول هوَّ المول .. اسمه كومبيوتر سيتي .. حاجة كده .

ندا جنب المبنى الأصفر على طول .. طيّب و أسعاره كويّسة؟

مادلين آه .. بيقولوا أسعاره أرخص من وسط البلد .. و عنده أنواع أكتر من أماكن تانية تقريباً عنده أحسن أنواع.

١٣٨ كلمني عربي أكتر

١٥

من واقع الحياة

الاستماع

رمضان جانا .. أهلاً رمضان

كلمات مفيدة: يصوم / فانوس / يصلّي / مِسَحّراتي / الفطار

اسمع وجاوب.

١- مصطفى مبسوط في لندن؟ ليه؟

٢- هوَّ عايز يصوم رمضان في مصر و للا في إنجلترا؟

٣- هوَّ كان عنده .... وكان بيلبس .... لمّا يروح الجامع.

اسمع مرّة تانية وجاوب.

١- إيه هيَّ عادات المصريين في رمضان؟

٢- اسأل مصريين من اللي معاك أو في القهوة عن عاداتهم في شهر رمضان بيعملوا إيه مع أصحابهم؟ مع عيلاتهم؟ ذكرياتهم في الشهر ده؟

نصّ الاستماع لواقع الحياة

علي: أهلاً .. أهلاً يا مصطفى .. عامل إيه في لندن؟ كويّس إنّي قابلتك أوّل يوم في رمضان عشان أقولّك كلّ سنة وإنت طيّب.

مصطفى: و إنت طيّب ياعلي .. دي فرصة حلوة قوي .. أنا ساكن هنا لوحدي و طبعاً كنت عايز أشوف كلّ العيلة في يوم زيّ كده .. لكن أعمل إيه لازم أخلّص الدكتوراه.

علي: و بتعملوا إيه في شهر رمضان هنا .. بتصوموا؟ بتصلّوا؟

مصطفى: آه .. طبعاً .. بسّ أنا لوحدي هنا .. مش زيّ مصر .. فاكر ياعلي لمّا كنّا صغيّرين .. كانت كلّ الشوارع مِنوّرة إزّاي و الناس حاطّة فوانيس في كلّ البلكونات .. هنا مافيش حاجة زيّ كده.

علي: آه .. صحيح طبعاً في لندن مافيش كده .. بسّ برضه الناس في مصر بتحطّ فوانيس لغاية دلوقتي .. لكن فاكر يا مصطفى لمّا كنّا بنروح الجامع أوّل يوم في رمضان و أبويا كان بيفوت على باباك وكنّا بننزل كلّنا.

مصطفى: آه .. وكنّا بنلبس الجلاليب بتاعتنا البيضا .. وكان فيه جامع قُريّب من البيت. وكان كلّ سكان العمارة بيصلّوا معانا بعد الفطار على طول و مامتك و مامتي بيحَضّروا الحلو في الوقت ده.

علي: آه .. و بعدين كنّا بنرجع البيت برضه مع بعض و كنّا بنقعد كلّنا مع بعض اليوم ده.

مصطفى: آه .. صحيح و فاكر بعد الفطار لمّا كنّا بننزل بالليل .. و كان عندي فانوس أحمر .. وإنت كان عندك فانوس أصفر .. و كنّا بنمسك الفوانيس بتاعتنا و بنمشي بالليل ورا المسحّراتي .. و كنّا بنغني وراه رمضان جانا أهلاً رمضان. هه .. فينك يا مصر!

القراءة

اقرا الإعلان ده في لوحة إعلانات المعهد.

كلمات مفيدة: سَهرة / أنغام / الاشتراك / الرقّاصة / بوّابة

"حفلة عشاء في محمد علي كلوب"

سهرة مع الموسيقى الغربيّة والشرقيّة

سهرة جميلة مع فريق بل بويز وأنغام الموسيقى اللاتينية

تبتدي الموسيقى اللاتينية من ٩ إلى ١٠:٣٠ صباحاً

فرقة عمرو حسني للموسيقى الشرقيّة و الرقّاصة لطافة

تبتدي الموسيقى الشرقيّة من ١٠ إلى ٢ صباحاً

يوم الخميس ٢٢ / ١٢.

الاشتراك: ١٥٠ ج بالعشاء.

المكان: بعد تي جي اي فرايدي على النيل

وبوابة القرية الفرعونيّة زيّ الخريطة.

الحجز: مع يوكا أو هيتوشي

أقرا الإعلان مرّة تانية واسأل إزّاي تروح المكان ده.

– اسأل زميلك أو شخص مصري عن وصفة الطريق.

الكتابة

- ارسم خريطة المكان لزميل تاني مايعرفش الطريق.
- استعمل مع زميلك خريطة القاهرة طالب (أ) يرسم الخريطة من ناحية الجيزة و طالب (ب) يرسم الخريطة من ناحية وسط البلد.

الكلام

كلمات مفيدة: طَرْد / تذكرة طيّارة / تصرف فلوس / عُمْلة / يحمّض فيلم / جواهرجي / جَزْمَجي

طالب (أ) إنت عايز طلبات كتير.

اسأل طالب (ب) إزّاي تروح الأماكن دي عشان الطلبات بتاعتك. عايز:

١- تبعت فاكس.	٢- تشتري جرايد.
٣- تشتري تذكرة طيّارة.	٤- تصلّح العربيّة.
٥- تصرف فلوس وتغيرّ عُمْلة.	٦- تقابل صاحبَك في كافيتريا كويّسة.
٧- تصلّح الجزمة بتاعتك.	٨- تحمّض فيلم.
٩- تروح جنينة كويّسة.	

طالب (ب)

١- قول اسم المحل المناسب لطلب زميلك.

٢- اكتب اسم المحلّات دي على الخريطة حسب النمرة.

٣- اوصف المحلّات دي فين لزميلك على الصورة.

١– بوسطة العتبة.
٢– ستوديو (١).
٣– كُشْك جرايد النهار.
٤– صيدليّة سامي.
٥– سيتي بنك.
٦– جراج وميكانيكي واكسسوار.
٧– سعد الحلاّق.
٨– جواهرجي ريمون.
٩– مَغْسَلة زيّ الفُلّ.
١٠– جَزْمَجي.
١١– سيلنترو.
١٢– العالميّة للسياحة.
١٣– سنترال التحرير.
١٤– مكتبة النجاح.
١٥– بوتيك وهدايا نانسي.
١٦– مجدي إلكترونيكس.
١٧– جنينة الياسمين.

إنت هنا

افتـــكر

(١) للكلام عن الذكريات و وصف فترة زمنيّة في الماضي.

أنـا	إنت	إنتي	هوَّ	هيَّ	إحنـا	إنتوا	همَّ
كُنْتْ	كُنْتْ	كُنْتِي	كَان	كانِت	كُنّا	كُنْتُوا	كَانُوا

كان+ ب + فعل مضارع

(٢) للكلام عن زمان مع الجملة الإسمية

دلوقتي	زمــان	
عند فيه مع	(أنا) (إنت) كان (إنتي) ماكانش (إنتوا) (همَّ) إلخ.	→ عند ي / ك / هـا / كو / هم / نـا ...إلخ. → فيه يـا / ك / هـا / كو / هم / نـا ...إلخ. → مع يـا / ك / هـا / كو / هم / نـا ...إلخ.
ساكن ساكنة ساكنين	كان ساكن في شبرا كانت ساكنة في ڤيلّا كانوا ساكنين في أسيوط	**النفي** (ماكانْش) (ماكانِتْش) (ماكانُوش)

جملة (٢)	جملة (١)
كان + ب + فعل مضارع	لمّا + كان + ب + فعل مضارع
كان + ب + فعل مضارع	لمّا + كان + جملة اسميّة

(٣) للسؤال عن الأماكن و المحلّات بنقول

(إنتوا) ماتعرفوش فين الـ ....؟ =

ماتعرفوش الـ .... فين؟

(إنت) ماتعرفش فين ألاقي الـ ....؟ =

ماتعرفش ألاقي فين الـ ....؟

(إنتي) ماتعرفيش أقدر أصلّح الـ .... فين؟ =

ماتعرفيش فين أقدر أصلّح الـ ....؟

لوصف السكّة بنقول:

خُشّ – لِفّ – امشي على طول – هناك قُدّامك – أفتكر – بُصّ – شوف ياسيدي – مش متأكدّ – آسف مش عارف – هتلاقي.

راجع معانا

(من وحدة ١-٤)

تدريب (١)

إنت عايز خدمات في القاهرة اكتب لستة خدمات زيّ المثال في الجدول:

- تصوّر صور عشان الباسبور.
- تسمع مزّيكا شرقي.
- تروح مستشفى.
- تركب فلوكة.
- تسافر رحلة في الأجازة.
- تصلّح الغسّالة.
- تقصّ شعرك.
- تتفرّج على فيلم كويّس.
- تروح الواحات.

اكتب لستة خدمات تانية واسأل زميلك أو ناس مصريين عن أماكن الخدمات دي:

ماتعرفش فين ألاقي ....؟ ماتعرفش إزّاي أروح ....؟

اكتب اسم المحلّ زيّ الجدول واسأل باقي الطلبة - استعمل خريطة القاهرة أو الدليل الأصفر.

نوع الخدمة	اسم المحلّ	العنوان
١- صور للباسبور	المصوّراتي / الاستوديو	....
٢-		
٣-		
٤-		
٥-		

تدريب (٢)

اوصف زملاء الفصل بتاعك. مين اللي لابس ..

١- طالب (أ) اوصف لزميلك الشخصيّة.

٢- طالب (ب) قول هوَّ/هيَّ مين؟

اعكسوا الأدوار و كرّروا النشاط.

١٦

تدريب (٣)

كلمات مفيدة: صعبة عكس سهلة
جَدْ / يعيّط / ضفدعة

اقرا و اكتب الكلمة الناقصة (كان / كانت .. إلخ).

حكاية من أيّام زمان

أنا اسمي آسر. أنا دلوقتي باشتغل
مهندس والشغل طبعاً صعب ومُتعب
و الحياة صعبة. لكن أيّام المدرسة
زمان .... أيّام جميلة
و حلوة قوي. أنا .... في مدرسة أولاد بسّ.
و الأولاد طبعاً .... صعبين قوي. الفصل بتاعنا ....كبير
ومنوّر و .... واسع قوي.
و ....عندنا في الفصل جنب الباب .. المكتب بتاع المُدرّسة و ....

...... فيه دُرج كبير هيَّ .... دايماً بتحطّ فيه الأقلام والكتب بتوعها.
و في يوم .... عندنا إمتحان و أنا .... ساكن جنب المدرسة
و جيت متأخّر شويّة. شفت المدرّسة زعلانة قوي و بتعيّط والمدير ....
زعلان قوي عشان الأولاد حطّوا في درج المدرّسة ضفدعة صغيرّة .. طبعاً ما
.... فيه إمتحان و طبعاً مارحناش الرحلة تاني يوم. ياسلام!! زمان
.... المشاكل بسيطة و سهلة .. مش زيّ دلوقتي كلّ حاجة صعبة وجَدْ.

اسمع وصحّح الكلمة الناقصة. اقرا القصّة مرّة تانية بالتبادل مع زميلك.

تدريب (٤)

إنت سافرت كتير. اسأل زمايلك في الفصل وقارن بين:

مصر	بلاد تانية
الأكل العادات الشوارع المواصلات الناس الهدوم المحلّات	

تدريب (٥)

(١) اتناقش مع زميلك واكتب كلّ كلمة في مكانها المناسب.

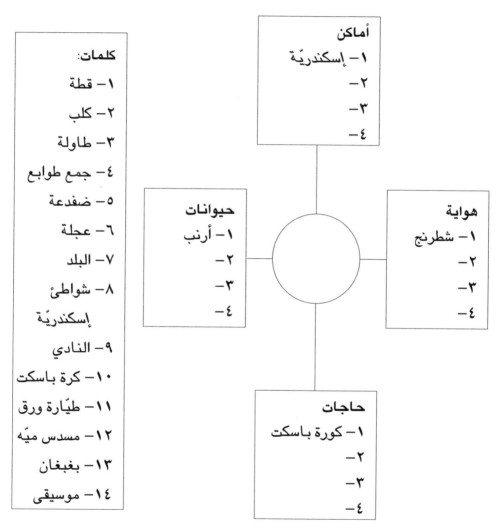

أماكن

١- إسكندريّة
٢-
٣-
٤-

هواية

١- شطرنج
٢-
٣-
٤-

حيوانات

١- أرنب
٢-
٣-
٤-

حاجات

١- كورة باسكت
٢-
٣-
٤-

كلمات:

١- قطة
٢- كلب
٣- طاولة
٤- جمع طوابع
٥- ضفدعة
٦- عجلة
٧- البلد
٨- شواطئ إسكندريّة
٩- النادي
١٠- كرة باسكت
١١- طيّارة ورق
١٢- مسدس ميّه
١٣- بغبغان
١٤- موسيقى

مسابقة

(٢) كوِّن جملة زيّ المثال .. الطالب الكسبان هوَّ اللي يكوِّن أكبر عدد من الجمل.

لمّا كنت صغيرّ كنت بالعب مع قطتي كليوباترا وكان عندي بغبغان ملوِّن.

الوحدة الخامسة

١

محتويات الموضوعات في الوحدة الخامسة

- تقديم (١) التغيير في المدينة و طريقة الحياة بين زمان و دلوقتي باستخدام الجملة الإسميَّة.
- تقديم (٢) التغيير في العادات و التقاليد بين زمان و دلوقتي باستخدام الجملة الفعليَّة.

دردش معانا

- تقديم (٣) عبارات مشهورة لتقديم الدعوة و الاقتراحات و قبولها و رفضها أو تأجيلها و تغييرها.

فهرس الكلمات الجديدة في وحدة ٥

تقديم (١)

الزمن اتغيَّر – خيل – تورماي – كان فيه – بقى فيه – كان ساكن – العالم ده – كلُّه – بايظة – دخّان – يكفِّي – واحد ورا – أُسطى – تصوير – جمع طوابع – صيد سمك – المعارف – نهر – جبل.

تقديم (٢)

كنيسة – الفطار – صلاة التراويح – كارْت / كروت – كلّ سنة وإنت طيِّب – يسهر – أشغال يدويَّة – يقول رأيه – بيزرع – مقالة – مواصلات.

تقديم (٣)

ماتيجي – ماتياللا – ماتخلِّي – مش بطّال – ياللا بينا – عشرة طاولة – شلَّة – نيفة – النتيجة – بالمرَّة – على طول – خمسينة شاي – نشمّ هوا – يِحْضَر – ينْفع – ما ينفعش – خلِّيها مرَّة تانية – يعدِّي على – يقبل الدعوة – يأجِّل.

من واقع الحياة

كليِّة الزراعة – أزرع – البلد – تعليم – مصانع – زراعة – بيزرع – طَرَد – ياخْسارة.

تقديم (١)

الزمن اتغيّر

ده عُمر الشريف. هوَّ مصري عايش برَّة. اشتغل ممثِّل في هوليود. هوَّ بيزور مصر كتير و بيتكلِّم مع المذيعَة عن حياته. إيه اللي اتغيَّر في مصر و في حياته؟

اسمع.

مُذيعَة: حضرتك بتشتغل ممثّل في هوليود دلوقتي؟

عُمر: أيوه باشتغل هناك بس مش كتير زيّ زمان.

مُذيعَة: حضرتك سبت مصر من إمتى؟

عُمر: سبت مصر من ٣٠ سنة.

مُذيعَة: تقدر حضرتك تقول لنا إيه اللي اتغيَّر في مصر عن زمان؟

عُمر: فيه حاجات كتير اتغيَّرت في مصر .. زمان كان فيه تروللي باص و تورماي دلوقتي بقى فيه مترو. ماكانش فيه ناس كتير .. دلوقتي بقى فيه ناس كتير. كان فيه وقت كتير عند الناس .. دلوقتي مابقاش فيه وقت خالص عند الناس.

مُذيعَة: و حضرتَك إيه اللى اتغيَّر في حياتك؟

عُمر: شوفي .. زمان كان عندي إسطبل كبير و خيول عربيَّة .. دلوقتي مابقاش عندي إسطبل عشان مابقاش عندي وقت. زمان ماكانش عندي تكنولوجيا في بيتي زيّ كومبيوتر و فاكس و عربيَّة سبور .. دلوقتي بقى عندي كلّ الحاجات دي و الحياة بقت أسهل.

مُذيعة	و حضرتك كنت ساكن فين زمان؟

عمر	زمان كنت ساكن في بيت صغيَّر .. دلوقتي بقيت ساكن في ڤيلا كبيرة.

مذيعة	و حضرتك بتلعب بريدج و عندك خيل دلوقتي كمان؟

عمر	لا أنا مابقاش عندي وقت للبريدج و الخيل زيّ زمان. كِبرِت بقى يامدام .. كفاية باشتغل في السينما و الأفلام بس.

جاوب على الأسئلة.

مصر اتغيرَّت إزّاي؟

عُمر الشريف حياته اتغيرَّت إزّاي؟

لاحظ القواعد

هوَّ بيقول:

زمــان		دلوقتي	٣
كان فيه	– وقت كتير عند الناس	مابقاش فيه	– وقت كتير عند الناس
	– ترولّلي		– ترولّلي
	– إسطبل		– إسطبلات
ماكانش فيه	– ناس كتير	بقى فيه	– ناس كتير
	– تكنولوجيا		– تكنولوجيا
	– كومبيوتر		– كومبيوتر
	– مترو تحت الأرض		– مترو تحت الأرض
كان	– صغيّر	بقى	– كبير

التغيير بين زمان ودلوقتي

زمـــان		دلوقتي	
كان ماكانْش	عندي / عندَك / عندِك / عنده / عندنا / عندهم معايا / معاك / معانا / معاهم فيه / فيهم / فينا / فيها	بَقَى مابَقَاش	عندي / عندَك / عندِك / عنده / عندنا / عندهم معايا / معاك / معانا / معاهم فيه / فيهم / فينا / فيها
أنا	كُنْت ساكن	بَقِيتْ ساكن	٤ مَابَقِيتْش ساكن
إنت	كُنْت ساكن	بَقِيتْ ساكن	مَابَقِيتْش ساكن
إنتي	كُنْتِي ساكنة	بَقِيتِي ساكنة	مَابَقِتيش ساكنة
هوَّ	كَان ساكن	بَقَى ساكن	مَابَقَاش ساكن
هيَّ	كَانِت ساكنة	بَقِت ساكنة	مَابَقِتْش ساكنة
إحنا	كُنّا ساكنين	بَقِينَا ساكنين	مَابَقِينَاش ساكنين
إنتوا	كُنْتوا ساكنين	بَقِيتُوا ساكنين	مَابَقِيتُوش ساكنين
همَّ	كَانُوا ساكنين	بَقُوا ساكنين	مَابَقُوش ساكنين

التدريبات

تدريب (١ – أ)

اتنينات كلام

طالب (أ) بُصّ لصورة (١) وقول لزميلك المدينة دي كان فيها إيه.

صورة (١)

كان فيه – ماكانش فيه – كان ساكن – كان عند .. إلخ.

صورة (٢)

طالب (ب) إنت عندك نفس صورة المدينة بس بعد ٢٠ سنة. قول لزميلك بقى في إيه المدينة دي و مابقاش فيه إيه؟

اكتب جُمل من الصور عن المدينة دي.

زمـان	دلوقتي
١– زمان كان فيه عربيّات قديمة.	دلوقتي بقى فيه عربيّات جديدة.
٢–	
٣–	
٤–	
٥–	

٥

تدريب (١ – ب)

برضُه حلوة يا مصر

اسمع وقول إيه المشكلة بتاعة الناس دول؟

١– إيه هيَّ مشاكل مصر؟

اسمع مرَّة تانية وقول:

٢– إيه رأيهم في المشاكل دي؟ قارن:

المشاكل	زمــان	دلوقتي
الناس		
التاكسيّات		
الزحمة		
التلوّث		
العيال		

٣– إيه رأيك في المشاكل دي؟

٤– اتكلّم مع زميلك عن أهم مشكلة في رأيك و سببها.

٥– عندك مشاكل في بلدك زيّ كده؟ اتكلّم عنها مع زميلك.

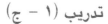

تدريب (١ – ج)

كمِّل الكلمات الناقصة مع زميلك.

اختار أيّ موضوع من الموضوعات اللي فاتت و اتكلّم عن التغيير اللي حصل بين زمان و دلوقتي. مثلاً اتكلّم عن المعارف و الجيران:

زمان كان فيه جيران كتير في بيتنا القديم .. و كان فيه واحد ساكن في أوِّل دور كان عنده كلب و .. إلخ. دلوقتي مابقاش عنده .. و مابقاش فيه .. إلخ.

نصّ الاستماع لتدريب (١ - ب)

راكب (١) ياساتر. الواحد حرّان و تعبان و عايز يروّح و الأتوبيس اتأخّر.

راكب (٢) آه .. فعلاً. الأتوبيس اتأخّر قوي .. هم .. فين أيّام زمان .. ياخسارْتك يا مصر .. ناس .. ناس .. زحمة في زحمة.

راكب (١) آه .. فعلاً .. هوَّ كان فيه ناس زيّ كده زمان؟ ماكانش فيه كلّ الناس دي .. ولا العالم ده كلُّه.

راكب (٢) الناس بتخلِّف و بس. مش عارفين هنروح فين بعد كده زحمة .. زحمة في كلّ حتَّة. بقى فيه مشاكل عشان تركب الأتوبيس .. بس بقى فيه تاكسيّات كتير.

راكب (١) آه .. إلاّ التاكسي و الأسعار بتاعة التاكسي .. لا .. و إيه .. مابقاش فيه تاكسيّات جديدة و حلوة زيّ زمان .. لا .. بقى فيه تاكسيّات قديمة و بقى فيه تلوُّث في الهوا و بقى فيه دخّان كتير في الشوارع عن زمان.

راكب (٢) لا .. لا حضرتك غلطان دلوقتي بقى فيه تاكسي العاصمة و البلد مليانة تاكسيّات جديدة. صحيح بقى فيه مشكلة تلوُّث عشان الناس كتير .. لكن برضُه بلدنا حلوة و ناسها طيبين .. و حضرتك ساكن بعيد؟

راكب (١) آه .. أنا ساكن بعيد. أنا كنت ساكن قريِّب من هنا بس البيت بتاعي كان قديم فعزِّلت. و دلوقتي بقيت ساكن في حلوان عشان البيوت هناك أوسع و أرخص شويَّة. و علشان يكفيٍّ كلّ العيال دي.

راكب (٢) كلّ العيال؟ ليه حضرتك عندك كام عيِّل؟

راكب (١) عندي ٧ عيال .. آه الأتوبيس آهه .. حاسب حاسب يا أسطى وقَّف عندك .. واحد ورا يا أسطى.

٦

تقديم (٢)

حياتي اتغيّرت

ماجد كان عيّان قوي و قَعد في المستشفى شهرين.
الدكتور كان زعلان منُّه و قال له لازم تغيرَّ حياتك. و دلوقتي هوَّ خرج من المستشفى و رجع شغله تاني و بقى كويِّس.

اسمع الحوار.

خالد	إزيَّك يا ماجد .. ياه! إنت شكلك كويِّس قوي دلوقتي .. و بقيت نشيط زيّ زمان. إيه اللي حصل؟ إزّاي غيرَّت حياتك؟
ماجد	شوف يا خالد .. أنا كنت باعمل كلّ حاجة غلط لصحتي .. لكن خلاص غيرَّت كلّ حاجة بعد الشهرين دول في المستشفى .. خلاص.
خالد	ليه إنت كنت بتعمل إيه؟ و غيرَّت إيه؟
ماجد	شوف .. أنا كنت بانام متأخَّر وبالعب قمار لغاية السّاعة ٤ الصبح. لكن الحمد للّه بقيت أنام بدري و مابقيتش ألعب روليت و كوتشينة و حاجات كده .. مابقيتش أسهر أو أنام متأخَّر أبداً عشان صحتى.
خالد	طيِّب كويِّس و غيرَّت إيه تاني؟
ماجد	كنت باشرب ويسكي كتير بقيت أشرب عصير و لبن. كنت بادخَّن ٣ علب سجاير و بايب .. و دلوقتي بقيت ألعب رياضة.
خالد	يعني بقيت كويِّس عشان مابقيتش تشرب سجاير و ويسكي بس؟
ماجد	لا .. لا أنا كمان ماكنتش باكل كويِّس. قهوة و شاي و بس .. دلوقتي بقيت آكل فاكهة و خضار. كنت باشرب حشيش .. طبعاً الحمد للّه مابقيتش أعمل كده .. بقيت أمشي ٣ كم كلّ يوم.
خالد	براڤو! .. براڤو عليك! .. طيِّب و أخبار الشغل إيه؟
ماجد	الحمد للّه .. أنا ماكنتش باقدر أشتغل خالص. دلوقتي بقيت أشتغل كويِّس و المدير بقى مبسوط منِّي. و بقيت أخرج مع مراتي و بقيت أقعد مع الأولاد .. الحمد للّه.
خالد	هايل! .. براڤو عليك يا ماجد! و حمد للّه على سلامتك.

اكتب جملة تحت كلّ صورة عن حياته قبل المستشفى و بعد المستشفى.

قبل المستشفى	بعد المستشفى
كنت بانام متأخَّر	بقيت أنام بدري
كنت	بقيت ....
كنت	بقيت ....
كنت	مابقيتش .... بقيت ....

لاحظ القواعد

٧

	زمان (قبل كده ....)	دلوقتي (بعد كده ....)
أنا	كُنْت باشرب سجاير.	بِقيت أشرب عصير.
إنت	كُنْت بتنام متأخَّر.	بِقيت تنام بدري.
إنتي	كُنْتي بتركبي عجل أيّام المدرسة.	بِقيتي تركبي عربيَّة.
هوَّ	كَان بيشرب ويسكي.	بقَى يشرب كوكا.
هيَّ	كَانِت بتطيَّر طيّارات.	بقِت تلعب رياضة في النادي.
إحنا	كُنّا بنلعب في الرمل.	بِقينا نلعب على الكومبيوتر.
إنتوا	كُنْتوا بتذاكروا كتير.	بِقيتوا تشتغلوا كتير.
همَّ	كَانُوا بيزوروا جدُّهم.	بقُوا يزوروا باباهم.
	كان + بـ + فعل مضارع	بقَى + فعل مضارع من غير بـ
النفي: زمان		**دلوقتي**
	ماكنْتِش بانام بدري. كنت باروح المدرسة.	٨ بِقيت أنام بدري. مابقِيتْش أروح المدرسة. بِقيت أروح الشغل.
	ما + كان + ـش + بيعمل.	ما بقاش + يعمل / بقى يعمل.

التدريبات

٩

تدريب (٢ – أ(١))

كلام عن العيد

كلمات مفيدة: كنيسة / الفطار / صلاة التراويح / كارت / كروت / كلّ سنة وإنت طيِّب / يسهر

وصَّل الجملة المناسبة من (أ) مع (ب).

(أ) زمـــان	(ب) دلوقتي
١- كنت أنا و إخواتي بنصحى بدري وبننزل مع بابا عشان نزور العيلة و نعيِّد عليهم.	أ- بقوا يشتروا الكحك من المحلّات عشان مافيش وقت.
٢- كانت أمي وجدِّتي بيعملوا الكحك و البسكوت في البيت.	ب- بقينا نتفرّج على صلاة العيد في التليفزيون .. مابقيناش نسهر كتير.
٣- كنّا بنروح الكنيسة بالليل في ليلة العيد وبنسهر للسّاعة ١ الصبح.	ج- بقينا نكلِّم الناس و نعيِّد عليهم في التليفون بس. مابقيناش نزور كتير.
٤- جدِّتي كانت بتسافر البلد عشان تشوف عمامي في العيد.	د- بقوا ياكلوا مع العيلة برَّة كتير.
٥- الستّات في رمضان كانوا بيطبخوا كتير .. طول اليوم بيطبخوا.	هـ- مابقيتش تسافر البلد كتير عشان كبرت و مابقيتش تقدر تسافر خالص.
٦- أيّام رمضان بعد الفطار كان الرجّالة بيروحوا القهوة و يتفرَّجوا على التليفزيون مع بعض.	و- مابقيتش تستعمل الكروت كتير. بقت تبعت رسالة على الموبايل.
٧- الناس كانت بتبعت كروت علشان تعيِّد و تقول كلّ سنة و إنت طيِّب.	ز- بقوا يروحوا الجامع و يصلُّوا صلاة التراويح بعد الفطار.

اسمع وصحَّح.

تدريب (٢ - أ(٢))

استعمل الجمل (١-٧) و اتكلّم عن نفسك و احكي لزميلك إيه الفرق بين زمان و دلوقتي .. كنت بتعمل إيه في العيد في بلدك.

تدريب (٢ - ب)

١٠

ستّات ورجّالة

كلمات مفيدة: مقالة / الثورة / مواصلات / أشغال يدويّة / الطبيخ / يزرع

أستاذ نديم صحفي من بلد عربي بيكتب مقالة عن ستّات و رجّالة مصر. عمل حوار مع راجل مصري.

اسمع و جاوب:

الستّ بقت زيّ الراجل في مصر؟

اسمع مرّة تانية وجاوب:

كلام الأستاذ حسام صحيح؟

اكتب هوَّ قال:

زمــان كان		دلوقتي بقى
الرجّالة البنت الستّات الجواز	كانوا بيشتغلوا	بقوا ....

اتكلّم مع زميلك عن الفرق في بلدك بين زمان و دلوقتي في الموضوعات اللي فاتت.
الناس كانوا بيعملوا إيه؟ و دلوقتي بيعملوا إيه؟

تدريب (٢ - ج)

اختار موضوع من المواضيع دي:

(أ) اتكلّم مع زميلك عن ذكرياتك أيّام الطفولة.

و زمان و إنت صغيرّ كنت بتعمل إيه؟ بتحبّ إيه؟ بتلبس إيه؟
و دلوقتي بقيت تعمل إيه؟

(ب) اتكلّم عن الفرق بين عادات العيد عندكم زمان و دلوقتي.

إيه الفرق بين زمان ودلوقتي؟ في الأكل؟ الزيارات؟ ليلة العيد؟ الهدوم؟ بتروحوا فين يومَ العيد؟ الأجازات؟ أماكن الفُسْحة؟

(ج) اتكلّم عن حاجات اتغيرَت في حياتك:

السكن – العادات – الزيارات – شكل المدينة بتاعتك – وقت الدراسة في المدرسة أو في الجامعة – الشغل – الهوايات.

نصّ الاستماع لتدريب (٢- ب)

نديم	أستاذ حسام أنا باشتغل صحفي في جريدة الحياة و أحبّ نتكلِّم شويَّة عن بلدك. ممكن؟ عايز أكتب مقالة عن مصر.
حسام	آه .. طبعاً اتفضَّل. عايز تسأل عن إيه؟
نديم	كنت عايز أسأل عن إيه الفرق بين مصر زمان و دلوقتي؟
حسام	الفرق في إيه يعني؟
نديم	يعني إيه اللي اتغيَّر في الشغل أو نوع الوظايف؟
حسام	شوف .. زمان قبل الثورة الناس كانوا بيزرعوا الأرض .. طبعاً كان فيه مدرِّسين و محامين و وظايف تانية .. بس أغلب الناس كانوا بيزرعوا.
نديم	و دلوقتي؟
حسام	لا. دلوقتي الناس مابقوش يزرعوا بسّ .. بقوا يشتغلوا كلّ حاجة .. بقى فيه مدرِّسين و دكاترة و مهندسين و عمّال .. و بقوا يشتغلوا كلّ حاجة بالكومبيوتر تقريباً.
نديم	دي حاجة جميلة قوي. طيّب .. و إيه أخبار الستّ المصريَّة؟
حسام	الستّات حصل عندهم تغيير كبير .. فمثلاً البنت المصريَّة ماكانتش بتروح المدرسة في الأربعينات كتير .. كانت بتقعد في البيت و كانت بتتعلِّم أشغال يدويَّة أو الموسيقى أو الطبيخ .. دلوقتي كلّ البنات بقوا يروحوا المدارس و الجامعات تقريباً.
نديم	طيِّب و رأيها في الجواز؟

حسام	زمان ماكانتش البنت بتقدر تقول رأيها أو تقول لا لأبوها. دلوقتي بتقول رأيها في كلّ حاجة و بتتجوِّز اللي هيَّ عايزاه.
نديم	و بتقدر تشتغل كلّ حاجة؟
حسام	آه .. طبعاً. بقِت تقدر تشتغل كلّ حاجة. زمان ماكانتش بتشتغل كتير. دلوقتي بقت تشتغل كلّ الوظايف تقريباً و بتاخد نفس مرتَّب الراجل.
نديم	يعني تقدر تقول الست بقِت زيّ الراجل؟
حسام	تقريباً .. بصّ في الشارع .. شوف كلّ الستّات جنب الرجّالة في المواصلات و المحلّات و في الأشغال .. الدنيا اتغيرَّت ياأستاذ.

↙ دردش معانا

تقديم (٣)

١١

ما تيجي نروح دَهبْ؟

شادي ما تيجي نسافر دهبْ يا رمسيس الأسبوع ده؟

رمسيس لا .. يا شادي آسف أنا مش فاضي ماعنديش وقت أسافر مكان بعيد كده. ممكن حتَّة قريِّبة؟

شادي طيِّب إيه رأيك نروح إسكندريّة؟

رمسيس فكرة مش بطّالة .. بسّ قلت لك ماعنديش وقت خالص لأيّ سفر طويل. ماينفعش إسكندريّة المرّة دي .. خلّيها الشهر الجايّ.

شادي إم .. إم .. طيِّب عندك مانع نروح العين السُّخنة يوم ونرجع. إيه رأيك؟

رمسيس مافيش مانع. إم..بس باقولَّك إيه .. ماتخلِّي الرحلة دي الأسبوع الجّاي أحسن؟

شادي ليه بس؟ إيه الفرق بين الأسبوع ده و الأسبوع الجايّ؟

رمسيس عشان من يومين ماكانش عندي شغل .. لكن الأسبوع ده أوّل الشهر و بقى عندي شغل كتير .. و الأسبوع الجايّ هاخلّص كلّ الشغل.

شادي طيِّب بصّ .. ماتياللا بعد الشغل نروح مطعم و للا سينما؟

رمسيس مطعم؟ سينما؟ ماشي فكرة هايلة أحسن من السفر.

شادي خلاص ياللا بينا.

رمسيس لا .. لا ياللا بينا إيه؟ مش دلوقتي .. بعد الشغل .. لمّا أخلَّص هاقابلك قدّام سينما مترو .. ياللا ياعمّ روح مكتبك اشتغل شويَّة.

لاحظ عبارات الاقتراح

١٢

عبارات الاقتراح	عبارات للموافقة	عبارات للاعتذار	عبارات للتأجيل
١- ماتيجي نروح دهبْ؟	١- فكرة هايلة.	١-آسف ماعنديش وقت.	١-ماتخلِّي الرحلة وقت تاني.
٢- إيه رأيك نسافر دهبْ؟	٢- فكرة مش بطّالة.	٢- ماقدرش. مش معقول.	٢- شكراً .. خلِّيها مرّة تانية.
٣- عندك مانع نروح دهبْ؟	٣- مافيش (ماعنديش) مانع.	٣- مش فاضي دلوقتي.	٣- ينْفع الشهر الجّاي؟
٤- تحبّ نروح دهبْ؟	٤- ياللا بينا نروح.	٤- عندي شغل كتير النهارده.	٤- بلاش النهارده. ممكن بكرة؟
٥- ماتياللا نروح دهبْ؟	٥- ماشي.	٥-آسف ماعنديش وقت.	٥- ماتخلِّي الرحلة وقت تاني.
٦- تعالي نروح دهبْ؟	٦- ياللا بينا نروح.	٦- ماقدرش. مش معقول.	٦- شكراً .. خلِّيها مرّة تانية.
٧- ياللا نروح دهبْ؟	٧- فكرة هايلة.	٧- مش فاضي دلوقتي.	٧- ينْفع الشهر الجايّ؟

اختار المعنى المناسب	يعني إيه الجمل دي؟
أ – إيه رأْيك نسافر؟ ب– مش ضروري نسافر.	١– عندك مانِع نسافر؟
أ – قوموا عشان نروَّح دلوقتي. ب– عايزين نروّح في أي وقت.	٢– ياللا بينا نروّح؟
أ – إيه رأيك نسافر دهبْ؟ ب– بلاش نسافر دهبْ.	٣– ما تيجي نسافر دهبْ؟
أ – فكرة حلوة ١٠٠٪. ب– فكرة حلوة ٧٠٪.	٤– فكرة مش بطّالة.
أ – هوَّ عايز يسافر الرحلة بس وقت تاني. ب– هوَّ مش عايز يروح الرحلة دي خالص.	٥– ماتخلِّي الرحلة وقت تاني؟

التدريبات

تدريب (٣ – أ)

كلمات مفيدة: عشرة طاولة / شلَّة / نيفة / النتيجة / بالمرَّة = كمان / على طول = بسرعة / خمسينة شاي / نشمّ هوا = نتفسَّح في مكان مفتوح / يحْضر

وصّل الجملة من (أ) بالردّ المناسب من (ب)

(أ)	(ب)
١- ماتيجي نلعب عشرة طاولة مع الشلّة على القهوة؟	أ- فكرة مش بطّالة. بس أنا عندي صداع جامد قوي ماتخلّي الأوبرا الأسبوع الجّاي.
٢- ماتيالّلا نأجّر فلوكة و نخرج نشمّ شويّة هوا؟	ب- لا .. لا أنا آسف. ماباحبّش آكل الحاجات دي. ماناكل كباب أحسن؟
٣- إيه رأيك نتغدّى نيفة في الحسين النهارده؟	ج- ماعنديش مانع .. و ماتيجي نقول لتوتو كمان عشان نشوف كلّ الشلّة بالمرّة.
٤- يا شوشو تعالي ناخد فنجان قهوة مع ديدي في سيلنترو النهارده.	د- ماشي يامعلّم .. نشرب خمسينة شاي ليه لأ؟ إيه الموضوع .. أنا تحت أمرك.
٥- أهلاً يا أبو متولّي. إتفضّل. تحبّ تشرب خمسينة شاي معايا؟ عايزين نتكلّم في موضوع كده.	هـ- لا أبداً مافيش مانع .. حالاً هاخلّص الشغل ده و آجي على طول.
٦- ياأستاذ جرجس عندك مانع تْحضر معانا اجتماع الموظّفين و للا مشغول دلوقتي؟	و- ماقدرش. مش فاضي دلوقتي يا نبيل. روح إنت و قول لي على النتيجة.
٧- ياللا بينا يا علي الماتش هيبتدي دلوقتي.	ز- فكرة هايلة ياللا ناخد أكلنا معانا و حاجة ساقعة ونتعشّى على المركب.
٨- تعالي نروح الأوبرا النهارده فيه موسيقى لعُمَر خَيْرت. إيه رأيِك؟	م- طاولة إيه و قهوة إيه يا عمر؟ معلش خلّيها مرّة تانية. الواد سُخْن لازم أخده للدكتور.

١- كرَّر الاقتراح والردّ الصحيح مع زميلك.

٢- قول لزميلك اقتراحات و أفكار عشان تخرجوا فسحة كويِّسة آخر الأسبوع.

٣- اتبادلوا الاقتراحات و الاعتذارات.

كلمة مفيدة: يعدِّي على

تدريب (٢ - ب)

١- كمِّل الاقتراح المناسب و كرَّر الحوار مع زميلك.

اعكسوا الأدوار و كرَّروا النشاط.

طالب (أ): .... ؟

طالب (ب): لا. آسف مش هاقدر النهارده. ماتخلِّيها بكرة.

طالب (أ): .... ؟

طالب (ب): فكرة هايلة يااللا بينا.

طالب (أ): .... ؟

طالب (ب): النهارده صعب .. ينْفع بكرة؟

طالب (أ): .... ؟

طالب (ب): ماشي .. و ماتيجي نقول لشريف يروح كمان معانا بالمرَّة؟

طالب (أ): .... ؟

طالب (ب): مافيش مانع .. و تعالى نتعشَّى بعد كده أكلة كُشري.

طالب (أ): .... ؟

طالب (ب): شكراً .. خلِّيها مرّة تانية .. عشان أكون فاضي.

٢- كمِّل الاعتذار أو التأجيل في الحوار ده.

اعكسوا الأدوار و كرَّروا النشاط.

طالب (أ): ما تيالّلا ناكل أكلة سمك.

طالب (ب): ....

طالب (أ): إيه رأيك نروح الحسين النهارده نتفرَّج على الدراويش؟

طالب (ب): ....

طالب (أ): عندك مانع نعمل حفلة يوم الخميس في بيتكم؟

طالب (ب): ....

طالب (أ): ماتيجي نعدِّي على مجدي ونسهر معاه.

طالب (ب): ....

تدريب (٣ - ج)

كلمات مفيدة: يقبل الدعوة / يقبل الاقتراح / يرفُض الاقتراح

١- تدريب لتقديم الدعوة و الاقتراح و القبول.

طالب (أ) اعزم زميلك و قدِّم دعوة أو اقتراح.

طالب (ب) اقبل الدعوة أو الاقتراح.

مثال:

طالب (أ): ماتيجي نتغدَّى مع بعض في مطعم أندريّه الخميس بعد الضُّهر.

طالب (ب): فكرة هايلة! و ياللا نقول لمجدى وممكن نروح السينما بعد كده.

استعملوا الأفكار دي.

١- سينما يوم الحدّ.
٢- قهوة عند كافيه كوستا.
٣- تنس.
٤- خيل.
٥- عشرة طاولة بعد الضُهر.
٦- كشري في ميدان التحرير.
٧- فلوكة.
٨- المتحف.

اعكسوا الأدوار و كرَّروا النشاط.

٢- تدريب لتقديم الدعوة أو الاقتراح و الرفض أوالتأجيل.

طالب (أ) قدِّم الدعوة أو الاقتراح.

طالب (ب) ارفض الدعوة.

مثال:

طالب (أ): إيه رأيك نروح كارفور ونشتري الطلبات النهارده؟

طالب (ب): إم .. ماتخلّيها بكرة .. عشان أنا النهارده ....

أفكار للاقتراح

١- عيد ميلاد زميل معاكم في الفصل.	٢- جودو.
٣- ماتش كورة في الاستاد.	٤- موسيقى في ساقية الصاوي.
٥- تنضَّف البيت.	٦- زيارة زميل عيّان.
٧- مذاكرة.	٨- توصَّل زميلك المطار.
٩- فيلم من نادي الڤيديو.	١٠- حفلة و كلّ واحد يجيب أكل.

أفكار للتأجيل والرفض

١- السفر متأخَّر بالليل.	٢- مقابلة صديق.	٣- زيارة لبابا و ماما.	٤- هارجع بلدي.
٥- مش هاكمِّل الكورس. عشان مسافر.	٦- عندي اجتماع.	٧- مستنِّي مكالمة من برَّة.	٨- عيّان.
٩- الدنيا برد.	١٠- عندي امتحان.	١١- ماباحبِّش الشلَّة دي.	

من واقع الحياة

١٢

الاستماع

قريتي الجميلة

كلمات مفيدة: كليِّة الزراعة / أزرع / البلد = القرية

وليد و غادة كانوا جيران و ساكنين في نفس العمارة.

اسمع و جاوب:

وليد و غادة فين؟

اسمع مرّة تانية و اتكلّم عنهم في الموضوعات دي:

طالب (ب) يتكلّم عن غادة		طالب (أ) يتكلّم عن وليد
دلوقتي	زمـان	السكن / الدراسة / الشغل كان عنده / عندها الشكل مُدُنهم البلد بتاعتهم عايزين إيه؟

وليد شكلك مش غريب عليّا مين .. غادة؟ .. ياه إزيِّك يا غادة؟ مش معقول! من زمان ماشفتكيش .. إنتي بتعملي إيه في البلد هنا؟ ياه ده إنتي اتغيرّتي قوي.

غادة مش معقول! وليد؟ إزيك؟ ياخبر!! إنت عايش في قويسنا و للا إيه؟ إنت بتعمل إيه هنا في قويسنا؟ ده أنا ماعرفتكش خالص! برضُه إنت اتغيرّت قوي .. إنت كنت رفيّع قوي زمان.

وليد طبعاً زمان كنت رفيّع لكن بعد الجواز بقيت تخين. كنّا بناكل كتير هاها.. شوفي ياستّي أنا هنا عشان أزور بلدي .. عارفة يا غادة .. أنا بافكّر أعيش هنا.

غادة صحيح! و إحنا كمان .. لكن ليه؟ احكي لي .. كلِّمني عن نفسك.

وليد شوفي .. إحنا كنّا ساكنين في عمارة واحدة. فاكرة؟

غادة آه .. صحيح و كان عندك عجلة جميلة .. و كان باباك عنده عربيّة

ڤولكس صغيرّة .. و كان عندكم أرض كلّها جناين هايلة.

وليد دلوقتي بابا كِبِر. و بعنا العربيّة. و أنا رحت المدينة عشان دخلت كليِّة الزراعة في إسكندريّة .. و بعدين اتخرّجت و سكنت في إسكندريّة و خلِّفت. و الولاد .. دلوقتي بقوا في المدارس .. بس أنا عايز أشتغل و أزرع أرضي .. و القرية بقى فيها دلوقتي مدارس و تعليم و نور و كلّ حاجة .

غادة صحّ .. براڤو عليك أنا بافكر كده برضُه. أنا و جوزي درسنا في كليّة طب المنصورة و سكنّا هناك .. بس المدينة برضُه بقت زحمة جداً دلوقتي. كان عندنا بيت حلو و المدينة كانت هادية .. لكن خلاص مابقاش فيه هدوء في المدينة. دلوقتي بقى فيه مدارس في البلد هنا عشان الأولاد .. و بقت كلّ حاجة موجودة في القرية. فقلنا نرجع بلدنا و نشتغل هنا أحسن. البلد هنا أهدا و أحسن و أجمل و مافيهاش تلوُّث و أمان جداً.

حكاية من تاريخ مصر

ادرس الكلمات دي:

الملك

البلد

مصر

بيزرع

قطن

تعليم

بره البلد

نور

بيت

القرية

زعلوا

طردوا

مصانع

فقيرة

مترو
تحت الأرض

كان ياما كان .. مصر زمان

اقرا النصّ.

زمان كان فيه في مصر!! كان

يس

لكن ماكانش ولا أولاد المصريين

و كان فيه في شغل قليل .. أغلب المصريين كانوا ....ب

وأغلب الوقت كانوا ب

عشان كان بيبيعه بره

ماكانش فيه كويس ولا في كل

كان فيها بيوت وصغيرة .

المصريين خالص و من

و مابقاش فيه و بقت

عشان المصريين والمصريين بقوا حاجات كتير

و بقى فيها كبيرة ما كانش فيه

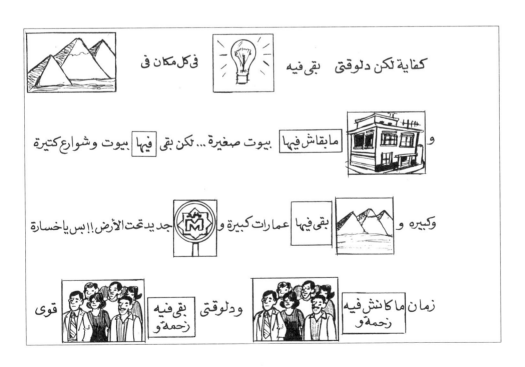

كفاية لكن دلوقتي بقى فيه في كل مكان في

و مابقاش فيها بيوت صغيرة ... لكن بقى فيها بيوت وشوارع كتيرة

وكبيره و بقى فيها عمارات كبيرة و

جديد تحت الأرض!! بس يا خسارة

زمان ما كانش فيه زحمة و ودلوقتي بقى فيه زحمة و قوى

١- إنت الملك. إحكى حكايتك لزمايلك و قول لهم ليه في رأيك المصريين طردوك.

٢- دلوقتي اكتب الكلمة الناقصة: (كان فيه - بقى فيه - ماكانش فيه .. إلخ).

١٤

زمان .... ملك في مصر و كان الملك بيحبّ نفسه .. لكن ما .... بيحبّ البلد و لا أولاد البلد المصريين. و .... في مصر شُغل قليل. و أغلب المصريين .... بيزرعوا. و أغلب الوقت .... قُطن عشان الملك يبيعه برَّة. ما .... تعليم كويِّس .. و لا نور في كلّ بيت و القرية .... بيوت فقيرة و صغيرة. المصريين .... خالص و .... الملك من البلد و ما .... فيه ملك. و مصر .... عشان المصريين. و المصريين .... يزرعوا حاجات كتير و مصر .... مصانع كبيرة. ما .... نور كفاية لكن دلوقتي .... نورفي كلّ مكان فى مصر. و القرية ما .... بيوت كبيرة لكن دلوقتي .... بيوت و شوارع كبيرة و كتيرة. و مصر .... عمارات كبيرة و مترو جديد تحت الأرض. بس ياخسارة!! زمان ما .... زحمة و ناس كتير. .... هدُوء. دلوقتي .... زحمة و ناس كتير قوي .. و دوشة كمان.

الكلام

(١) (أ) استعمل المواقف دي واعمل مقارنة بين زمان و دلوقتي زيّ الحوارات دي.

المقارنة بين المطاعم	المقارنة بين الفنادق
– إيه رأيك في مطعم فلفلة؟ كويِّس مش كده؟ – يعني .. كان زمان أرخص من دلوقتي. الشبراوي أرخص بكتير و المحلاّت بقت أكتر في كلّ مكان.	– فندق كليوباترا أحسن من زمان صحّ؟ – لا أفتكر فندق شهر زاد دلوقتي بقى أحلى و أجدد.

(ب) اتكلّم عن مقارنات تانية زيّ:

أسعار دراسة العربي – أماكن الفسحة (جناين – مطاعم – مطاعم مفتوحة – رحلات – سينما .. إلخ.)

افتكر

(١) للكلام عن التغيير بين زمان ودلوقتي.

زمــان	دلوقتي
كان عنده/ فيه / معاه ماكانْش عنده / فيه / معاه كان صغيرّ	بقَى عنده / فيه / معاه مابقاش عنده / فيه / معاه بقَى كبير – مابقاش صغيرّ
كان ساكن / ماكانْش ساكن	بقَى ساكن / مابقاش ساكن

(٢) الكلام عن التغيير في العادات بين زمان ودلوقتي باستخدام الفعل.

زمــان	دلوقتي
كان بيعمل ماكانْش بيعمل	بقَى بيعمل (للعادة) مابقاش يعمل / بقَى يعمل

(٣) للاقتراح والعزومة.

باستخدام (ما)	طريقة تانية
ما تيجي نروح ....!	ياللا بينا نروح ....!
ما تياللا نروح ....!	عندك مانِع نروح ....؟
ما نروح ....!	تحبّ نروح ....؟
	إيه رأيك نروح ....؟

الوحدة السادسة

١

محتويات الموضوعات في الوحدة السادسة

- تقديم (١) التكلّم عن الأحداث – البلاغ – اعتذارات.
- تقديم (٢) طلب المساعدة – سرد الحكايات و الأفلام.

دردش معانا

- تقديم (٣) تبادُل الأخبار و السؤال عن الناس و أحداثهم و أحوالهم.

فهرس الكلمات الجديدة في وحدة ٦

تقديم (١)

اعتذار – زكام – معاك حق – غريبة قوي – حماتي – مِنَوّم – خَدّي – وارم – ضِرس – أشعّة.

تقديم (٢)

وِحْياتك – ينقل العفش – يعزّل – نشّر – يريّح – اتعلّم – جاهل – متعلّم – حاجة حلوة – شدّ – ضحك على – شيّل – رَبَط – رَمَى – عبيط – ماعندهمش حق – شيخ البلد – الطريق – اتّدايق.

← دردش معانا

تقديم (٣)

عَوّر – الإشارة – اصطلح – اتخانق – سيبي الناس في حالهم – خَلِّف توأم – طلع الأول على الدُفعة – خَطب – حرام عليك.

من واقع الحياة

يبلّغ – بلاغ – ضاع منّي – خاتم – فعلا – مقفول – مفتوح – نِفْسُه يسافر – اتْبع التعليمات.

تقديم (١أ)

٢

قالوا إيه؟

موقف (١)

بكرة حفلة عيد ميلاد أنغام .. هيَّ اتّصلت بأصحابها وعزمتهم .. بس فيه أصحاب اعتذروا.

اسمع الاعتذارات بتاعتهم:

أنغام	آلو ميمي. هتيجي عيد ميلادي بكرة؟
ميمي	لا .. أنا آسفة يا أنغام أنا قاعدة مع جدّي في المستشفى مش هاقدر.
أنغام	آلو .. حسام. هاشوفك بكرة في الحفلة مش كده؟
حسام	لا .. آسف يا أنغام .أنا عندي شغل في إسكندريّة .. معلش المرّة الجايّة.
أنغام	أمير .. إزيك؟ أنا مستنيّة أشوفك بكرة في حفلة عيد ميلادي.
أمير	لا و اللّه .. مش هاقدر يا أنغام. أنا هاروح المطار في نفْس ميعاد الحفلة.
أنغام	آلو .. نهاد. قالوا لك على الحفلة بكرة الساعة ٦؟هاشوفك طبعاً؟
نهاد	معلش يا أنغام أنا أخدت برد وعندي حرارة ٣٩ .. أنا متأسّفة جداً.

اسمع و وصّل الاسم بسبب الاعتذار.

(أ)	(ب)
ميمي	عندي شغل في إسكندريّة.
حسام	قاعدة مع جدّي في المستشفى.
أمير	أخدت برد و عندي حرارة ٣٩.
نهاد	هاروح المطار في نفس ميعاد الحفلة.

تقديم (١ب) ٣

قالوا إيه؟

موقف (٢)

أنغام قابلت زميلها نادي بعد المكالمات دي و زعلانة عشان أصحابها اعتذروا. هوَّ عايز يعرف أصحابها اعتذروا ليه.

نادي	خلاص كلّمتي كلّ الناس يا أنغام؟
أنغام	آه .. بس مش كلّهم هييجوا الحفلة.
نادي	ليه بس .. مين مش هييجي؟
أنغام	ميمي .. قالت إنّها مش هتقدر عشان هيَّ قاعدة مع جدّها في المستشفى.
نادي	آه .. طيّب و حسام هييجي طبعاً مش كده؟
أنغام	لا .. برضه حسام قاللي إنّه آسف جداً عشان عنده شغل في إسكندريّة.
نادي	و أمير أخباره إيه؟ مش هييجي برضه زيّ كلّ مرّة؟
أنغام	آه .. هوَّ قال إنّه مش هيقدر عشان هيروح المطار في نفْس ميعاد الحفلة.

نادي	يووه .. طيّب و نهاد صاحبتك؟

أنغام	برضه اعتذرت .. و قالت لي إنّها خدت برد و عندها حرارة ٣٩°.

نادي	معلش. إن شاء اللّه باقي الناس هتيجي و هتعملي حفلة حلوة.

اسمع الحوار و جاوب أنغام بتقول همَّ قالوا إيه؟

٤

كلام مباشر	كلام غير مباشر
ميمي: "أنا قاعدة مع جدّي."	هيَّ **قالت إنّها** قاعدة مع جدّها.
حسام: "أنا عندي شغل كتير."	هوَّ **قال إنّه** عنده شغل كتير.
أمير: "أنا هاروح المطار."	هوَّ **قال إنّه** هيروح المطار.
نهاد: "أنا أخدت برد و عندي حرارة."	هيَّ **قالت إنّها** أخدت برد و عندها حرارة.
الأصحاب: "إحنا مش جايين الحفلة."	همَّ **قالوا إنّهم** مش جايين الحفلة.

٥

لاحظ القواعد

لنقل كلام عن شخص غايب:

هوَّ قال		ـه	بيسافر – ما بيسافرش
هيَّ قالت	إنّ	ها	هتسافر – مش هتسافر
همَّ قالوا		همَّ	سافروا – ما سافروش

الضمير	الفعل	إنّ + ضمير متّصل	الضمير المتّصل	باقي الجملة
أنا	قُلْت	إنّي	ي	جملة اسميّة
إنتَ	قُلْت	إنَّك	ك	(إثبات أو نفي)
إنتي	قُلْتِي	إنِّك	ك	فعل مضارع
هوَّ	قَال	إنّه	ـه	مستقبل
هيَّ	قَالِت	إنّها	ها	ماضي
إحنا	قُلْنا	إنِّنا	نا	(إثبات أو نفي)
إنتوا	قُلْتوا	إنُّكم / إنُّكو	كم / كو	
همَّ	قَالُوا	إنّهم	همَّ	

الضمير + قال + إنّ + ضمير متّصل + أيّ جملة أو عبارة في أيّ زمن إثبات أو نفي.

ملحوظة: زمن الفعل ما بيتغيرش عند التغيير من المباشر لغير المباشر.

التدريبات

٦

تدريب (١ – أ)

كلمة مفيدة: زُكام

(١) أ– اسمعوا جُمل الكلام المباشر من عمود (١).

ب– اقروا الكلام الغير مباشر من عمود (٢) و حطّوا نمرة الجملة قُدّام الإجابة الصحيحة.

غير مباشر (٢)	مباشر (١)
أ – هيَّ قالت إنّها ماشافتش الفيلم ده قبل كده. ب– هوَّ قال لحسام إنّه لازم يخلّص الواجب بسرعة عشان هيخرجوا. ج– همَّ قالوا إنّهم يمكن يسافروا أسوان بعد الإمتحانات. د– هيَّ قالت إنّها نضّفت و طبخِت يوم الخميس و بعدين قابلِت صاحبتها. هـ– همَّ قالوا إنّهم مازاروش نادية عشان ماكانِتْش في البيت. و– هيَّ قالت لأحلام إنّها هتكتب الجواب ده بسرعة و بعدين هتروّح. ز– هوَّ قال إنّنا لازم نتفرّج على المسرحيّة دي عشان جميلة قوي. ح– هوَّ قال إنّه قاعد في البيت عشان عنده زكام. ط– هيَّ قالت إنّهم مش هياكلوا برّة .. هيَّ هتطبخ عشان جوزها بيحبّ أكل البيت. ي– هوَّ قال إنّه ماراحش يصلّح العربيّة عشان مش فاضي.	١– مارُحتش أصلّح العربيّة عشان مش فاضي. ٢– مش هناكل برّة. أنا هاطبخ. جوزي بيحبّ أكل البيت. ٣– أنا قاعد في البيت عشان عندي زُكام. ٤– يمكن نسافر أسوان بعد الامتحانات. ٥– لا أنا ماشفتِش الفيلم ده قبل كده. ٦– يوم الخميس نضّفْت و طبَخت و بعدين قابلت صاحبتي. ٧– مازرناش نادية عشان ماكانِتش في البيت. ٨– لازم تتفرّجوا على المسرحيّة. دي جميلة قوي. ٩– حسام .. لازم تخلّص الواجب بسرعة عشان هنخرج. ١٠– يا أحلام هاكتب الجواب ده بسرعة و بعدين هارَوّح.

(٢) طالب (أ) اقرا جمله من العمود (١) لزميلك. طالب (ب) حوّل الجملة لغير المباشر.

(٣) اعكسوا الأدوار.

(٤) صحّحوا الإجابات لبعض من الكتاب.

تدريب (١ - ب)

آلو .. يادكتور

كلمات مفيدة: حماة / ضِرْس / خَدّي / وارِم / أشعّة / يبلع / بيوجع

دي مكالمات مختلفة للدكتور.

اسمع و حطّ (✓) على صورة صاحب الحوار.

اسمع تاني وجاوب.

حوار (١) ٧

١- المريض قال إيه للدكتور؟

٢- الدكتور قال للمريض يعمل إيه؟

حوار (٢)

(١) المريض قال إيه للدكتور؟

(٢) باهر قال سبب التعب إيه؟

(٣) الدكتور قال لازم يعمل إيه؟

حوار (٣)

(١) المريضة قالت إيه؟

(٢) الدكتور قاللها إيه؟

دلوقتي كلّ طالبين يختاروا حوار و يمثّلوه.

طالب (أ) المريض وطالب (ب) الدكتور.

طالب (ج) يسأل المريض طالب (أ) الدكتور قاللك إيه؟

اعكسوا الأدوار و غيّروا النشاط.

تدريب (١ – ج)

<u>موقف (١)</u>

إنت عيد ميلادك يوم الجمعة الجّاي. إنت عزمت كلّ أصحابك لكن أغلب أصحابك

في الفصل اعتذروا.

أفكار اعتذارات للطلبة:

• راجع بلدك.	• هتحْضَر فرح.
• عندك ميعاد تاني.	• مسافر في الأجازة.
• عيّان.	• هتذاكر للامتحانات.
• عندك ضيوف.	• هتروح المطار.
• أفكار تانية.	• هتساعد صاحبك يغيّر شقّته.

أ – كلّ طالب في الفصل يعتذر لصاحب عيد الميلاد.

ب– الطلبة تسأل صاحب عيد الميلاد عن اعتذار كلّ واحد.

صاحب عيد الميلاد يجاوب.

مثلاً: چون قاللي إنّه مش هيقدر ييجي عشان عنده فرح.

ج– اتبادلوا دور صاحب عيد الميلاد.

موقف (٢)

المدرّس عايزكم تاخدوا درس إضافي يوم الأجازة .. و طلب من واحد زميلكم يسألكم إذا كان الميعاد مناسب للكلّ.

أ – كلّ واحد يفكّر هيقول إيه عشان تعتذروا.

ب– كلّ طالب يسأل ٢ من زمايله و يقول للمسؤول زميله قال الميعاد مش مناسب ليه؟

موقف (٣)

اسألوا بعض عن الحاجات دي .. و كلّ واحد يقول زميله قال له إيه .. و املا الجدول.

الاسم	عمل إيه إمبارح؟	هيعمل إيه بكْرة؟	هيعمل إيه في الأجازة؟	إيه آخر كتاب قراه؟	إيه الأكل اللي بيحبّه؟	إيه الهواية اللي بيحبّها؟
١ ٢ ٣ ٤ ٥						

نصّ الاستماع لتدريب (١ - ب)

حوار (١)

مريض	آلو .. يادكتور أنا تعبان قوي. عندي صداع جامد. كلّ يوم باصحى عندي صداع وحش قوي.
الدكتور	بتنام كويّس؟ بتاكل كويّس؟
مريض	كنت بانام كويّس و كنت باكل كويّس لكن من بعدما مراتي رجعت من عند حماتي أنا مابقيتش أنام كويّس ولا باكل كويّس و كمان بقى عندي مشاكل في الشغل. مش عارف أعمل إيه؟
الدكتور	طيّب لازم تيجي بكْرة و هاشوفك .. بس لازم تاخد أسبرين و هاكتب لك على مِنَوِّم لغاية ماتيجي بكرة.
مريض	أجيب معايا مراتي يادكتور؟
الدكتور	لا طبعاً. ماتجيبش معاك مراتك ولا حدّ خالص.

حوار (٢)

الدكتور	آلو .. أيوه ياأستاذ باهي إيه المشكلة؟
باهي	سناني يادكتور ضرسي .. بيوجعني على طول .. و مش عارف آكل ومش عارف أنام .. و خدّي وارم و عندي صداع .. هاتجنن.
الدكتور	ليه! عملت إيه؟
باهي	أنا باحبّ الحاجات الحلوة أكتر من الحادقة .. فأكلت حلويّات كتير .. و الآيس كريم أكتر حاجة وجعتني.
الدكتور	كمان أكلت آيس كريم! طيّب لازم تاخد أنتبيوتك كلّ ٦ ساعات و طبعاً مش لازم تاكل على الضرس ده. و هاشوفك بعد ٣ أيام عشان نعمل أشعّة.

حوار (٣)

مريضة	آلو .. يادكتور أسامة أنا تعبانة قوي! زوري بيوجعني و مش عارفة أتكلّم ولا أبلع و إنت عارف أنا مدرّسة و شُغْلتي الكلام.
الدكتور	بُصّي .. مش لازم كلام لمدة أُسبوع. لازم تاخدي دوا الشرب .. لمدة أُسبوعين و لازم تكرّري العلاج اللي فات كلّه مرّة تانية .. و هاشوفك بعد أُسبوعين.
مريضة	إيه؟ ماتكلّمش أُسبوع؟ آجي بعد أُسبوعين .. و الشغل يادكتور؟

١٠

تقديم (٢)

مين هيساعدني؟

كلمات مفيدة: بيعزّل / عزال / ينقل العفش / وِحْياتك / مافيش مانع

نجيب عايز يعزّل و بيطلب أصحابه عشان يساعدوه.

اسمع و جاوب.

١- مين قال هيساعده؟

٢- كلّ واحد قال هيعمل إيه؟

نجيب	آلو .. تامر إزيّك ؟
تامر	أهلاً يا نجيب. إزيّك إنت؟
نجيب	وحياتك .. عايزك في خدمة ممكن؟
تامر	آه .. تحت أمرك .. ممكن طبعاً.
نجيب	وحياتك عايزك تطلبلي عربيّة نقل عشان عايزك تساعدني وتنقللي العفش. إنت قلت هتساعدني .. صحّ؟
تامر	آه .. طبعاً حاضر .. مافيش مانع. و كنت عايز اسألك فيه حاجة تانية ممكن أساعدك فيها .. رتّبت كلّ حاجة؟
نجيب	آه .. خلاص تقريباً. ماما بترتّبلي حاجات و حاجات تاني حطّتها لي في الصناديق. و فيه أصحاب كتير قالولي إنّهم هيساعدوني.
تامر	زيّ مين يعني؟
نجيب	محفوظ شاللي كلّ الكهرباء و قاللي إنّه هايركّبلي الأجهزة الكهربائيّة لمّا نوصل.
تامر	كويّس .. و مين تاني معاك؟
نجيب	مشيرة قالتلي إنّها هترتّبلي المطبخ. و عادل قاللي إنّه هينضّفلي البيت.
تامر	كويّس قوي. طيّب و التليفون؟
نجيب	بابا قاللي إنّه خلاص وصّللي التليفون .. و خالتي قالتلي إنّها هتطبخلي و تملا التلاّجة.
تامر	هايل .. عشان لمّا أوصل ألاقي حاجة آكلها.

لاحظ القواعد

طريقة (١)

الطلب	الفعل إيه؟	الفاعل مين؟	حرف الجر	المفعول به لمين؟
ممكن تساعدني؟	إنت	تساعد	–	ني (أنا)
ممكن تطلبلي عربيّة؟	إنت	تطلب	ل	ي (أنا)
عايزك ترتّبلي العفش.	إنت	ترتّب	ل	ي (أنا)

طريقة (٢)

١١

الطلب	لمين؟	الجملة
ممكن تجيب الشنطة؟	لي له لها لنا لهم	ممكن تجيب لي الشنطة. تجيب له الشنطة. تجيب لها الشنطة. تجيب لنا الشنطة. تجيب لهم الشنطة.

طريقة (٣): ممكن تغيير الفاعل و المفعول حسب الكلام ١٢

الطلب	الفاعل	الفعل	ل	المفعول به
ممكن تعمللي شاي؟	إنت	يعمل	ل	ي (أنا)
ممكن تعمليلي قهوة؟	إنتي	"	"	ي (أنا)
ممكن تعملولي أكل؟	إنتوا	"	"	ي (أنا)
ممكن يعملولي شوربة؟	همَّ	"	"	ي (أنا)
ممكن تعملولنا ساندوتشات؟	إنتوا	"	"	نا (إحنا)
ممكن تعملولهم حاجة سخنة؟	إنتوا	"	"	همَّ

استخدامات تانية للضمير المتّصل (أ) ١٣

هوَّ قال إيه؟ هيَّ قالت إيه؟	الفعل إيه؟	الفاعل	حرف جر	المفعول به لمين ؟
محفوظ قال إنّه	هيركّبلي الكهربا	هوَّ	ل	ي (أنا)
مشيرة قالت إنّها	هترتّبلي المطبخ	هيَّ	ل	ي (أنا)
عادل قال إنّه	هينضّفلي البيت	هوَّ	ل	ي (أنا)
بابا قال إنّه	وصّللي التليفون	هوَّ	ل	ي (أنا)
خالتي قالت إنّها	هتطبخلي الأكل	هيَّ	ل	ي (أنا)

استخدام الضمير المتّصل مع أيّ زمن للفعل (ب)

الفعل المضارع	الفعل الماضي	المستقبل
ماما بترتّبلي حاجات	ماما حطّتلي حاجات في الصناديق	خالتي هتطبخلي

استخدام القواعد الضمير المتّصل مع بعض الكلمات المساعدة و الفعل المضارع بدون ب (ج)

عشان يوصّلني	لازم يكتبلي	ممكن يعمللي	عايز يبعتلي	المفروض ينضّفلي

١٤

التدريبات

تدريب (٢ - أ(١))

وصّل (أ) مع (ب).

اسمع و صحّح و كرّر الحوار مع زميلك.

أ	ب
١- الدكتور قالّك إيه إمبارح؟ ٢- شغالتِك سعديّة عملتلِك إيه النهارده؟	أ- سعديّة غسلتلي كلّ الهدوم ونشّرتهالي الحمد للّه .. ساعدِتني قوي النهارده و عملتلي شغل كتير.

٣- بتعمليلي الشغل اللي قلتلك عليه؟ ٤- جرى إيه ياأسطى بيّومي؟ رأيّك إيه في الموضوع اللي قلتلك عليه؟ ٥- دريّة قالتلك حاجة يا فادية .. عشان هىّ اتأخّرت قوي؟	ب- أيوه يافندم باكتبلك الجواب دلوقتي و هاطلبلك شركة فوديكو و حجزتلك تذكرة الطيّارة خلاص. ج- قاللي إني آخد الدوا ده عشان هيريّحني .. و أكلّمه بعد أسبوع و أقولّه على النتيجة. د- قلتلك ياأسطى حسني إني مش هاجوّزك بنتي. روح شوفلك مدرسة و اتعلملك حاجة الأوّل. أنا بناتي كلّهم متعلّمين و ماحدّش فيهم جاهل. هـ- أبداً .. قالتلي إنّها هتروح للكوافير .. و بعدين هتشتريلنا حاجة حلوة و هترجع على طول.

تدريب (٢ - أ(٢))

اسمع الردّ الصحيح مرّة تانية و اختار الضمير لمين زيّ المثال.

١- سعديّة غسلتلي كلّ الهدوم و نشّرتهالي الحمد للّه ساعدِتني قوي النهارده و عملتلي شغل كتير.

سعديّة غسلت الهدوم لمين؟ (أنا - إنت - همّ)

٢- أيوه يافندم باكتبلك الجواب دلوقتي .. و هاطلبلك شركة فوديكو و حجزتلك تذكرة الطيّارة خلاص. (همَّ - إنت - إحنا)

٣- قاللي إني آخد الدوا ده عشان هيريّحني .. و أكلّمه بعد أسبوع و أقولّه على النتيجة. (أناّ - هوَّ - إحنا)

٤- قلتلك ياأسطى حسني إني مش هاجوّزك بنتي. روح شوفلك مدرسة و اتعلّملك حاجة الأوّل. أنا بناتي كلّهم متعلّمين و ماحدّش فيهم جاهل. (أنا - أنت - همَّ)

٥- أبداً .. قالتلي إنّها هتروح للكوافير و بعدين هتشتريلنا حاجة حلوة و هترجع على طول. (أنا - إحنا - همَّ)

تدريب (٢- ب(١))

كان ياما كان أيّام زمان

دي حكاية من زمان .. بُصّ للصور .. صورة (١) هيَّ أوّل الحكاية و صورة (٧) هيَّ آخر الحكاية. حاول مع زميلك ترتيب كلّ الحكاية.

١٥

تدريب (٢ - ب(٢))

كان ياما كان أيّام زمان

حكاية جحا

كان ياما كان فيه راجل اسمه جحا زمان. جحا كان عنده دايماً مواقف و حكايات بتحصلّه عشان هوَّ راجل طيّب و بسيط .. و في مرّة حصلت له حكاية و رجع من السوق زعلان و قابل شيخ البلد في الطريق و حكى له الحكاية.

اسمع الجزء الأول من الحكاية و جاوب.

الجزء الأول

١- رتِّب صور الجزء اللي سمعته.

٢- اسمع مرّة تانية و حطّ ✔ أو ✖.

- جحا و ابنه ركبوا الحمار و راحوا السوق.
- الحمار مشي قدّامهم.
- الناس كانت مبسوطة منّه.
- جحا ركب الحمار و ابنه مشي وراه.
- الناس قالتله إيه أوّل مرّة؟
- الناس قالتله إيه تاني مرّة؟
- الناس كانوا بيضحكوا عليه ليه؟
- الناس كانوا مبسوطين منّه؟ ليه؟
- جحا زعل ليه؟
- الناس كان عندهم حقّ؟

يعني إيه الكلمات دي؟ وصّل الإجابة الصحّ:

١- ركّبت ابني على الحمار.	أ- أكبر واحد في القرية و كلّ الناس بتسمع كلامه.
٢- عبيط.	ب- ساعد أبوك يركب الحمار.
٣- ركّب أبوك على الحمار.	ج- غلطانين / مش لازم يتكلّموا على حدّ.
٤- ماعندهمش حقّ.	د- مابيفهمش حاجة (عكس ذكي).
٥- شيخ البلد.	هـ- ساعد ابنه يركب الحمار.

الجزء التاني

١٦

اسمع تانى و حطّ خط تحت الكلمة اللى تسمعها.

ركّبهولي - قالولي - شيّلني - شافونا - كلّموني.

رتّب الصور حسب الحوار اللي تسمعه.

١- جحا عمل إيه لمّا الناس اتدايقت من ابنه؟	٢- الناس في السوق قالوا لجحا إيه؟
٣- جحا و ابنه عملوا إيه؟	٤- الناس ضحكت على جحا تانّي ليه؟
٥-جحا عمل إيه عند الكوبري؟	٦- هوَّ زعلان ليه؟
٧- فهمت إيه من معنى الحكاية دي؟	

يعني إيه: يخْلَص من المشكلة؟

- يحلّ المشكلة و يبقى ماعندهوش مشكلة.
- عنده مشكلة.

يعني إيه: يتصرّف؟

- يفكّر في حلّ.
- مايفكّرش.

نصّ استماع الجزء الأول لتدريب (٢ - ب(٢))

شيخ البلد إيه مالك ياجحا؟ متدايق كده ليه؟ حصلّك إيه؟

جحا شوف يا شيخ البلد .. النهارده خرجت الصبح عشان أروح السوق و أخدت ابني معايا.

شيخ البلد طيّب كويّس .. و روحتُوا إزّاي؟

جحا كنّا ماشيين و ساحبين الحمار بتاعنا ورانا.

شيخ البلد هه .. و بعدين؟

جحا الناس ضحكوا علينا و قالولي: "إنت عبيط."

شيخ البلد	لا لا ماعندهمش حقّ .. طيّب و إنت قلتلهم إيه؟
جحا	ماقلتلهمش حاجة. ركّبت ابني على الحمار. عشان مايضحكوش عليّا.
شيخ البلد	لا .. شاطر .. و طبعاً الناس .. انبسطت؟.
جحا	انبسطوا إيه؟ طبعاً لا .. إحنا مشينا شويّة و بعدين ناس تانيين بصّوا لإبني و همَّ متدايقين و قالوله: "لازم تنزل ياولد و رَكّب أبوك على الحمار .. عشان هوَّ راجل كبير."
شيخ البلد	إم .. دايماً الناس كده! لازم يتكلّموا على كلّ حاجة.

نصّ استماع الجزء التاني لتدريب (٢ - ب(٢))

شيخ البلد	طيّب عملت إيه ياجحا لمّا قالوا لابنك رَكّب أبوك على الحمار؟
جحا	عارف عملت إيه؟ رِكِبت أنا و ابني على الحمار .. و مشينا ودخلنا السوق.
شيخ البلد	فكرة هايلة .. و بعدين؟
جحا	برضه ناس تاني شافونا و اتدايقوا و قالولي: "لازم تنزلوا من على الحمار .. الحمار تعبان قوي."
شيخ البلد	و طبعاً نزلتوا من على الحمار؟
جحا	آه .. طبعاً نزلنا من على الحمار و ربطت الحمار و ابني شيّلني الحمار و مشينا شايلين الحمار .. و كان تقيل قوي .. بس برضه الناس ضحكت علينا و أنا اتدايقت خالص.
شيخ البلد	طيّب اتصرّفت إزّاي؟
جحا	لمّا وصلت الكوبري .. رميت الحمار في الميّة عشان أخلص من المشكلة .. بس برضه الناس ضحكت علينا.
شيخ البلد	طيّب و إنت دلوقتي متدايق ليه؟
جحا	أنا زعلان قوي يا شيخ البلد. زعلان عشان ..

تدريب (٢ - ج)

كلمة مفيدة: مشرف الرحلة

(١) كوّنِوا دايرة ياخد الطلبة أسماء أ .. ب .. ج:

١- طالب (أ) يحكي عن آخر فيلم شافه لزميله (ب).

٢- الزميل (ج) يسأل الزميل (ب) عن قصة الفيلم اللي حكى عنها الزميل (أ) "هوَّ قال إيه؟"

٣- اتبادلوا الأدوار .. كلّ طالب لازم يقول قصّة و يسأل عن قصّة.

(٢) مواقف

(تمثيل) اتكلّم مع زميلك في المواقف دي زي المثال:

طالب (أ)	**طالب (ب)**
١- إنت ضاعت منّك فلوسك في السينما. و بتزعّق عشان المّوظف يساعدك.	- إنت تعبان و عايز تروّح .. و مش عايز تدوّر معاه .. و عايز تقفل المكتب .. و مش عايز تساعده.
٢- اتخانقت مع أصحابك عشان راحوا الرحلة و سابوك.	- إنت واحد من الأصحاب دول و بتزعّق عشان هوَّ اتأخّر عليكم و روحتوا الرحلة من غيره.
٣- اتخانقت مع التاكسي عشان عايز ياخد منّك فلوس أكتر من اللازم.	- إنت سوّاق مش كويّس دايما بتحبّ تاخد فلوس أكتر من الزباين.

٤- عزمت أصحابك على حفلة وماحدّش جه. كلّ واحد قالك ماجاش ليه؟

- إنت واحد من الأصحاب .. و بتقول اعتذار مش حقيقي و بتكذب على صاحبك.

٥- رحت قسم البوليس عشان واحد سرق الشنطة بتاعتك.

- الظابط جه متأخّر و مش عايز يسمعك وعايز يشرب القهوة الأوّل.

٦- إنت مشرف الرحلة .. وبتقول للفصل يحضّروا إيه؟

- إنت بتسأل أسئلة كتير و مش عايز تفهم و لا عايز تساعد أو تحضّر أو تشتري حاجة.

(٣) مثال: طالب (أ): ممكن تدوّر لي و تسأللي على الفلوس اللي ضاعت منّي و .. إلخ؟
طالب (ب): لا .. آسف أنا مش فاضي أدوّرلك أنا لازم أمشي و .. إلخ.

(٤) قول حكاية شعبيّة مشهورة فى بلدك قدّام الفصل.
الطالب الكسبان هوَّ اللي يقول أحسن حكاية.

دردش معانا ١٧

كلمات مفيدة: عوّر / نور / الإشارة

تقديم (٣)

ماسمعتش عن اللي حصل؟
ماعرفتش اللي حصل؟

عوني قابل لمياء قدّام باب السينما.

اسمع و جاوب همَّ بيتكلّموا عن مين.

لمياء ماسمعتش عن اللي حصل لدينا يا عوني؟ ماعرفتش؟

عوني لا ماسمعتش .. حصل لها إيه؟ احكي لي عن اللي حصل.

لمياء بُصّ .. هيَّ قالتلي إنّها بقت أحسن دلوقتي .. لكن طبعاً الحادثة كانت جامدة و كبيرة.

عوني حادثة!! ياحرام .. ليه كده؟ احكي لي عن الحادثة دي .. ده ماحدّش من الشلة قاللي أيّ أخبار. ماعرفتش حاجة خالص!

لمياء شوف .. دينا قالتلي إنّها كانت راكبة عربيّتها و واقفة في الإشارة لكن كان فيه لوري كبير ماشي بسرعة وراها.

عوني ياخبر! هه .. و بعدين قوليلي بقى بسرعة حصللها إيه.

لمياء هيَّ قالتلي إنّ السواق ماشافش النور الأحمر .. و ماوقفش خالص .. و طبعاً دخل في عربيّتها من ورا و كسّر لها العربيّة .. و الإزاز عوّر لها وشّها .. و إيدها الشمال انكسرت .. و رجلها كمان .. و الحادثة طبعا كسّرت العربيّة خالص.

عوني ياخبر إسود .. أنا زعلت قوي علشانها. طيّب الدكاترة قالوا إيه؟

لمياء قالولها إنّها هتقعد في المستشفى أسبوع و بعدين يمكن تخرج على الخميس الجّاي.

عوني طيّب الحمد للّه هتخرج بسرعة .. لازم أزورها و أروح لها قبل يوم الخميس و أسلّم عليها.

اسمع مرّة تانية وجاوب.

١- حصل إيه لدينا؟ ٢- عوني سمع عن اللي حصل قبل كده؟

٣- الدكاترة قالولها إيه؟ ٤- عوني هيعمل إيه؟

(١) لاحظ وفكّر في معنى التعبيرات دي أنهي صحّ؟

لمّا واحد يقول	**المعنى (أ)**	**أو (ب)**
١- ماعرفتش إيه اللي حصل؟	عايز يقوللك عن الأخبار.	عايز يعرف منّك الأخبار.
٢- ماسمعتش عن اللي حصل؟	عايز يقوللك عن حاجة حصلت.	بيسأل إنت عارف إيه.
٣- قوللي بقى ..	احكي لي.	احكي لي بسرعة و دلوقتي.
٤- هنخرج على الخميس الجّاي.	هنخرج يوم الخميس تقريباً.	أكيد هنخرج يوم الخميس.

(٢) لاحظ الأفعال اللي ممكن نستعمل معاها ظرف أو حرف جر

١- هوَّ **سمع** من سامي **عن** الموضوع. ١- **سمع عن** المشكلة.

٢- **عرف عن** وحيد. ٢- **عرف عن** الموضوع.

٣- قال لزينب. ٣- قال **عن** الأجازة.

٤- راح لسامي. ٤- راح للسوبر ماركت.

٥- سلّم **على** مجدي . ٥- ....

٦- حكى لنوال.	٦- حكى **عن** المشكلة.
٧- قعد **مع** المدير.	٧- قعد **في** الأوضة /**على**الكرسي.
٨- اتّصل بمجدي.	٨- اتّصل **بـ**الشركة.
٩- اتفرّج **على** الناس.	٩- اتفرّج **على** فيلم.
١٠-	١٠- ركّب إبنه **على** الحمار.
١١-	١١- نزل **من** البيت.
١٢-سأل **على** نوال.	١٢- سأل **عن** الامتحان.

(٣) ممكن نقول للناس عن الأخبار بطريقة النفي أو بالإيجاب من غير مايتغيّر المعنى:

١- عرفت عن اللي حصل؟ = ماعرفتش عن اللي حصلّ؟

٢- سمعت عن اللي حصلّ؟ = ماسمعتش عن اللي حصل؟

(٤) عبارات مشهورة بنقولها لمّا نسمع:

أخبار كويّسة	أخبار وحشة
- ياه هايل. - كويّس قوي.	- ياخبر إسود! - بجدّ .. مش معقول!
- طيّب الحمد للّه. - أنا مبسوط عشانك قوي. - براڤو.	- ليه كده؟ - بجدّ .. مش معقول! - ياحرام .. إيه خير! احكي لي حصل إيه؟

التدريبات

تدريب (٣ – أ)

كلمات مفيدة: هتتخطِب / اتطلّق

١- طالب (أ) اختار وكوّن خبر من المعلومات دي:

التعبير	الخبر	إمتى	فين / منين
ماعرفتش اللي حصل؟ سمعت عن.............؟ ماسمعتش عن اللي حصل؟ عرفت حصل إيه؟	أحمد لقى ١٠٠٠ ج ... كسب فلوس ... اشترى عربيّة ... ساب الشغل ... هتتخطِب ... عمل حادثة ... سابوا بعض ... اتجوّزوا ... اتطلّقوا	إمبارح. أوّل إمبارح. الشهر اللي فات. الأسبوع اللي فات. الشهر الجّاي. النهارده الصبح. إمبارح بالليل. من أسبوعين. من يومين.	في الشارع. في بنك القاهرة. من أجنس الفرسان. من شركة جنرال اليكتريك. في إسكندريّة. في طريق شرم الشيخ. في لوكاندة كونراد. في أسوان. في القسم.

٢- طالب (ب) اختار و ردّ عليه بالتعبير المناسب زيّ:

التعبير	ليه / إمتى؟	فين / إزّاي؟	منين؟
يا خبر مش معقول / يا خبر أسود. بجدّ! هايل. ياه .. أنا مبسوط عشانه / عشانها. ياحرام .. ليه كده. ياخسارة .. أنا زعلان عشانه / عشانها.			

مثال:

طالب (أ)	طالب (ب)
ماعرفتش اللي حصل؟	إيه خير! حصل إيه؟
رامي كسب ٢٠،٠٠٠ ج.	بجدّ .. مش معقول. هايل .. إمتى؟
الأسبوع اللي فات.	منين .. فين؟
من بنك القاهرة.	أنا مبسوط عشانه قوي.

تدريب (٣ - ب(١))

مصطفى بيحبّ يكتب يوميّات. اقرا يوميّات مصطفى و حطّ حرف الجرّ المناسب:

إمبارح قابلت مُهَاب صاحبي .... الشارع و سلّمت .... و سألته .... أولاده و عيلته .رحنا .... بعض كافيتيريا .... فندق السلام و قعدنا .... بعض حوالي ساعتين .اتكلّمنا .... حاجات كتير و اتفرّجت .... صور أولاده و كلّمني .... شغله. أنا كمان حكيتله .... كلّ شغلي و عيلتي و قمنا .... الكافيتيريا و مشينا شويّة و بعدين طلب .... ي إني أبقى أزوره .... بيته عشان أشوف أولاده و أتعرّف ....

تدريب (٣ - ب(٢))

١٨

كلام على الناس

كلمات مفيدة: اصطلح ≠ اتخانق / سيبي الناس في حالهم / حرام عليكي

ناهد وجوزها فريد قاعدين بيتكلّموا عن ناس .. مين همّ الناس دول؟ و ساكنين فين؟ اسمع.

اسمع مرّة تانية وجاوب:

١- جارة ناهد قالتلها إيه؟

٢- البواب قاللها إيه؟

٣- مرات محمود عملت إيه؟

٤- محمود و مراته عملوا إيه؟

٥- ناهد جارة كويّسة؟ ليه؟

٦- فريد رأيه إيه في مراته؟

سيبي الناس في حالهم

يعني: ماتتكلّميش على الناس.   ماتزوريش الناس.

اقرا الحوار و مثّله مع زميلك.

تدريب (٣- ج(١))

١- دلوقتي كمّل الحوار مع زميلك عشان تعملوا حكاية تانية.

أ – ....؟

ب– لا ماسمعتش عن أيّ حاجة. خير .. إيه اللي حصل؟

أ – ....

ب– ياه .. ياخبر إسود .. إيه ليه كده؟

أ – ....

ب– إمتى حصلت الحكاية دي؟

أ – ....

ب– و هوَّ (هيَّ) فين دلوقتي؟ .. لازم أزوره (ها).

أ – ....

ب– طيّب ماتياللا نروح مع بعض؟

٢- اعكسوا الأدوار و فكّروا في موقف تاني.

تدريب (٣ - ج(٢))

كلمات مفيدة: طِلِع الأوّل على الدُفْعَة / عجلة الجيران

١- طالب (أ) قول أخبار عن الناس اللي في الصور بتاعتك.
طالب (ب) ردّ بتعبيرات مناسبة عشان تعملوا حوار زيّ الأمثلة في
التدريبات اللي فاتت.

صورة طالب (أ)

(٤)	(٣)	(٢)	(١)

٢- طالب (ب) قول أخبار عن الناس دول و طالب (أ) ردّ بتعبيرات مناسبة عشان
تعملوا حوار زيّ الأمثلة اللي فاتت في التدريبات.

كلمة مفيدة: خلّف توأم

صورة طالب (ب)

(١)	(٢)	(٣)	(٤)

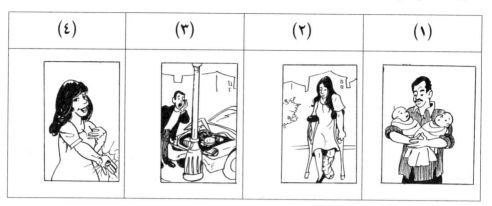

٣- اعكسوا الأدوار و اعملوا حوارات مختلفة.

٤- دول عرايس في مواقف مختلفة .. اتبادلوا الأدوار و كلّ واحد يقول حكاية و خبر عن كلّ صورة.

سناء هربت	عريس ماجدة ماجاش	نبيلة اتجوّزت

نصّ الاستماع لتدريب (٣ - ب(٢))

فريد	إيه يا ناهد ؟ واقفة مع البوّاب عند باب الشقّة ليه .. فيه حاجة؟
ناهد	أبداً. إنت ماسمعتش عن اللي حصل لمحمود ومراته .. الجيران اللي جنبنا؟
فريد	إيه خير .. إيه اللي حصل؟ أنا ماسمعتش حاجة .. فيه إيه؟
ناهد	جارتنا اللي تحتنا مدام سناء .. قالتلي إنّها شافت أستاذ محمود الأسبوع اللي فات .. كان قاعد مع واحدة تانية في فندق شيراتون مصر الجديدة.
فريد	يا خبر إسود! إيه ده .. مالهوش حقّ .. طيّب و حصل إيه؟
ناهد	البواب قاللي إنّ مراته اتخانقت معاه جامد .. و قاللي إنّها سابت البيت.
فريد	ياخسارة .. دول كانوا ناس كويّسين قوي .. أنا زعلان قوي.
ناهد	استنىّ بس .. أنا شفتها إمبارح قدّام الأسانسير و ساعدتها و شلتلها الخضار.
فريد	اللّه! يعني رجعت البيت؟
ناهد	آه .. غالباً اصطلحوا.
فريد	طيّب الحمد للّه. دي أخبار كويّسة .. يعني همَّ مع بعض دلوقتي؟
ناهد	آه .. يعني .. لكن ماعرفتش عن الجيران اللي فوقنا .. دول ..
فريد	باقولك إيه يا ناهد كفاية بقى حرام عليكي جبتيلي صُداع .. وبعدين سيبي الناس في حالهم بقى.

من واقع الحياة
الاستماع

بلاغ سريع

كلمات مفيدة: يبلّغ / خاتم /
مقفول ≠ مفتوح / ضاع من / فعلاً

الأستاذ عبد الباقي ضاعت منّه
حاجات في البيت و راح بسرعة يبلّغ
عنها في قسم البوليس.

اسمع و جاوب.

١- إيه هيَّ الحاجات اللي ضاعت منّه؟

٢- كوّن جملة زيّ الجدول. أستاذ عبد الباقي قال إيه؟ والشغّالة قالت إيه؟

هيَّ قالت	هوَّ قال	الحاجة
	إنّها ضاعت منّه يوم الحد.	١- الشنطة.
		٢-
		٣-
		٤-

٣- إيه رأيك مين سرق الحاجات دي؟ ليه؟

٤- مثّل الحوار مع زميلك. إنت الظابط و هوَّ الزبون .. اعكسوا الأدوار.

٥- غيّروا أسماء الحاجات اللي ضاعت و كرّروا الحوار.

نصّ الإستماع لواقع الحياة

ظابط — و إمتى ضاعت منّك الشنطة أم إيد سودا؟

عبد الباقي — الشنطة أم إيد سودا ضاعت منيّ يوم الحد. و الشغّالة قالتلي إنّها حَطّتها في الدولاب. بس أنا كنت سايبها على المكتب.

ظابط — و هيَّ حَطّتها في الدولاب فعلاً؟

عبد الباقي — لا أبداً يافندم .. هيَّ ماحَطّتهاش في الدولاب .. عشان الدولاب كان مقفول. و أنا مالقيتهاش على المكتب برضه.

ظابط — إم .. و إمتى ضاع الخاتم بتاعك؟

عبد الباقي — الخاتم ضاع منّي إمبارح. و برضه إمبارح الشغّالة كانت موجودة بتنضّفلي الشقّة.

ظابط — كنت حاطط الخاتم فين؟

عبد الباقي — كنت حَاطُّه في الدولاب برضه .. و الدولاب أنا كنت قافله! و لمّا سألتها عن الخاتم قالتلي إنّها ماخدتوش.

ظابط — والمحفظة سيبتها فين؟

عبد الباقي — سيبتها على الكمودينو اللي جنب السرير بتاعي. بس لمّا خرجت من الحمّام مالقيتهاش.

ظابط — المحفظة كان فيها فلوس كتير؟

عبد الباقي — أيوه يافندم أنا قلتلك في التليفون كان فيها حوالي ٥٠٠ ج.

ظابط — و لمّا سألت الشغّالة عنّها قالتلك إيه؟

عبد الباقي — قالتلي إنّها شافتني حاططها في جيبي و يمكن وقعت منيّ .. و ده مش صحيح .. أنا كنت حاططها على الكمودينو.

ظابط — آه .. بقى كده .. ياعسكري .. هاتولي الشغّالة هنا.

القراءة

إنت رجعت من برّة لقيت الرسالة دي على باب الشقّة. اقرا الرسالة:

عزيزي مارك

أنا سمعت إنّ هيروشي عمل حادثة إمبارح و رجله اتكسرت و راح مستشفى الصفا.

أنا آسف مش هاقدر أروح معاكم السينما عشان لازم أروح لهيروشي و أساعده في المستشفى.

من فضلك قول و بلّغ كل أصحابنا و ابعتلهم e-mail و قوللهم على الأخبار.

هارجع على الساعة ١٠ بالليل .. و يمكن أتأخّر أكتر .. مش عارف.

سلام.

دانيال

اقرأ الرسالة مرّة تانية وجاوب.

١– حصل إيه لهيروشي؟

٢– هيروشي فين دلوقتي؟

٣– دانيال قال إيه في الرسالة بتاعته؟

٤– هوَّ طلب إيه من مارك؟

٥– دانيال هيرجع إمتى؟

الكتابة

اكتب رسالة الكترونيّة لأصحابك.

١- و قوللهم حصل إيه.

٢- اكتبلهم دانيال قال إيه على السينما.

تدريب (١)

الكلام

تمثيل

كلمة مفيدة: نِفْسُه يسافر

مشكلة في عيلة مصرية

ده موقف بيحصل لبعض العائلات المصريّة ..

حاتم و نهال متجوّزين. و عندهم فرصة شغل في بلاد عربيّة. حاتم نفسه يروح و بيحكي لصاحبُه تامرعن فرصة الشغل. نهال مش عايزة تروح و بتحكي لصاحبتها سَمَر مرات تامرعن المشكلة.

اتبع التعليمات عشان تعملوا حوار مناسب.

طالب (١) حاتم احكي لصديقك تامر عن	طالب (٢) تامر اسأل عن
١- السفر. ٢- الفرصة الجديدة. ٣- بيع الشقّة. ٤- الشغل هايشتريلك بيت كبير. ٥- الشغل هيدفعلك مصاريف مدرسة الأولاد. ٦- مراتك مش مبسوطة مش عايزة تسيب البيت. ٧- مبسوطة في الشغل بتاعها. ٨- قول معلومات كويّسة عن الوظيفة والمشكلة اللي في البيت. ٩- اسأل زميلك عن رأيه ونصيحته.	البيت القديم / البيت الجديد. ميعاد السفر. أنهي بلد؟ إيه هيَّ الفرصة؟ إيه هيَّ الوظيفة؟ اسأل: عن المرتب. شغل مراته. مدارس الأولاد. هيقعد قد إيه. اسأل عن حاجات تاني من عندك. حاول تعرف معلومات أكتر. قولّه رأيك ونصيحتك.

طالب (٣) نهال احكي لصديقتك عن	طالب (٤) سَمَر اسألي عن
المشكلة. إنّ الولد مبسوط في مدرسته. إن شغلِك كويّس. إنّك مش عايزة تبيعي الشقّة. مش عايزة تسيبي بابا وماما. مش عايزة تسيبي البلد. عندك أصحاب كتير هنا. مش عايزة تقعدي لوحدك في البلد الجديدة. فكّري في أسباب تانية .. مش عايزة تسافري ليه؟	السفر. المشكلة. استعمل نفس أسئلة الطالب ٢.

(٢) الطالب (٢) تامر يحكي لمراته الطالب (٤) سَمَر عن اللي قاله طالب (١) والعكس.

تدريب (٢)

الكلام من واقع الحياة

١- إنت عايز تروح الماتش في الإستاد و عايز حدّ يروح معاك.
اقترح على زمايلك واستعمل لغة الاقتراح (ماتيجي - ماتياللا).

٢- بعض الزملاء يوافقوا و بعض الزملاء لأ.

٣- قول قدّام الفصل كلّ طالب قاللك إيه؟

كرّروا النشاط و اتبادلوا الأدوار بأفكار تانية زيّ:

١-عايز تروح أسوان في الأجازة.

٢- عايز حدّ يروح معاك عشان تجدّد الإقامة.

٣- عايز تعمل حفلة في بيتك وتعزم كلّ الفصل.

تدريب (٣)

(أ) اطلب مساعدة من زملائك عشان:

١- تعزّل.

٢- تشتري قاموس.

٣- تدوّر على محل بيصلّح جزم.

٤- تشتري هدوم خفيفة ورخيصة.

٥- تنضّف الشقّة .. عشان عيلتك هتوصل بكرة.

(ب) بعض الزملاء يوافقوا .. والبعض يعتذر.

استعمل لغة زي (ممكن تساعدني عايز - تدوّر لي - تقوللي - تنضّفلي - إلخ.)

تدريب (٤)

اتبادلوا الأخبار عن بعض.

طالب (أ) أخبار عن نفسك أو زميل أو عائلة أو أيّ معلومات جديدة سمعتها.

طالب (ب) يسأل إمتى / إزّاي / فين / إيه؟

اتبادلوا الأدوار و كرّروا النشاط.

افتكر

(١) الكلام المباشر والغير مباشر.

مباشر **غير مباشر**

أنا هاعدّي عليك بكرة. هوَّ قال إنّه هيعدّي عليّا بكرة.

أنا	إنت	إنتي	هوَّ	هيَّ	إحنا	إنتوا	همَّ
قُلت إنّي	قُلت إنَّك	قُلتي إنِّك	قَال إنّه	قالت إنّها	قُلْنا إننّا	قُلْتوا إنّكو	قَالوا إنّهم

(٢) الفعل و الفاعل و المفعول به في كلمة واحدة.

النفي

الطلب	ممكن	تعملّي (إنت)؟	ماتعمللّيش (إنت)
	لو سمحت	اعملّي (إنت)	ماتعمللّيش (إنت)
المستقبل	بكْرة	هيعملّي (هوَّ)	مش هيعملّي (هوَّ)
الماضي	امبارح	عملّي (هوَّ)	ماعمللّيش (هوَّ)
المضارع	دلوقتي	بيعملّي (هوَّ)	مابيعمللّيش (هوَّ)

(٣) لنقل الأخبار وتبادل المعلومات:

ماسمعتش (عن) اللي حصل؟ = سمعت (عن) اللي حصل؟

ماعرفتش اللي حصل؟ = عرفت اللي حصل؟

الوحدة السابعة

١

محتويات الموضوعات في الوحدة السابعة

- تقديم (١) اللوم و الشكوى و الاعتذار و الحديث عن المستقبل.
- تقديم (٢) الحديث عن المستقبل و حلّ المشاكل.

دردش معانا

- تقديم (٣) التعرُّف على المشكلة و حلّها في المستقبل. تأكيد الكلام أو تبريره.

فهرس الكلمات الجديدة في وحدة ٧

تقديم (١)

سَقَط – قطع الكهربا – ضاع الوقت – وَصْل النور – معرض الكتاب – يزعّق – يلوم – يشتكي – معاك حقّ – فواتير – تقارير – مُراهق / مُراهقين – محاضرة – يدّي محاضرة – اسكت – يموّن.

تقديم (٢)

وَفْد – خَد – عشان – أناقش معاه – على فكرة – شوفيلي حلّ – شوفيلي مِيعاد – مِيعاد غدا – عشاء – للأسف – مُساعدة – يطلّع – يلمّ – يمْسَح – الحنفيّة – الفُرن – البقالة.

تقديم (٣)

الأوكازيون – إبْتدى – يادوب ٥ ساعات – قواميس – بخيلة – الشرا.

من واقع الحياة

ذُوق – فظيع – هايل – يوطّي الصوت – عشان خاطري – يتنفّس – يزوِّد – يكترَّ – الصحّة – التلوّث – نظافة – البيئة – النهر – التدخين.

تقديم (١)

٢

كنت مستعجل

كلمات مفيدة: محاضرة / يدّي محاضرة / اسكت / يمَوّن

دكتور مكرم أستاذ جامعة و عنده محاضرة. كان مستعجل لكن اتأخّر على الشغل.

اسمع بيقول لأيمن صاحبه إيه اللي حصل و املا الجدول.

أيمن	إيه يا مكرم شكلك متدايق و زعلان .. فيه إيه؟
مكرم	أبداً. كنت عايز أدّي محاضرة للطلبة الأسبوع الجّاي عشان ماخدوش محاضرة النهارده .. بس مش هاقدر أدّي المحاضرة .. عشان همَّ عندهم أجازة الأسبوع الجّاي.
أيمن	و ليه ماقدرتش تدّي محاضرة للطلبة النهارده؟
مكرم	أبداً .. صحيت متأخّر و كنت مستعجل قوي. و كنت عايز أوصل بسرعة عشان المحاضرات.
أيمن	طيّب إيه المشكلة؟ إنت كان ممكن تاخد العربيّة و تروح بسرعة.
مكرم	آه .. خدت العربيّة و سُقْت بسرعة و عملت حادثة .. طبعاً نزلت من العربيّة و اتكلّمت مع صاحب العربيّة و رحنا القسم عشان كسرتله الفانوس بتاعه.

أيمن يـاخبر! مـاكـانش لازم تسوق بسرعة كده. و قعدت كتير في القسم؟

مكرم أنا غلطان .. عشان قعدت حوالي ساعة و بعدين سقت العربيّة بسرعة عشان الشغل .. و في نُصّ السكّة وِقْفِت العربيّة.

أيمن يووه .. تاني! و إيه كان السبب المرّة دي؟

مكرم خِلِص البنزين .. نسيت أحطّ بنزين. فأخدت تاكسي بسرعة عشان كنت عايز أشتري بنزين من المحطّة.

أيمن طيّب و اشتريت البنزين؟ و رُحت الشغل؟

مكرم لا .. لا يا أيمن .. تعرف حصل إيه؟ نسيت محفظتي في البيت.

أيمن إيه! لا .. لا ماعندكش حقّ يامكرم. إنت غلطان .. ماكانش لازم تنسى تموّن بنزين و ماكانش مفروض تصحى متأخّر.

مكرم أيوه أنا عارف و متدايق. إن شاء الله المرّة الجايّة هاصحى بدري.

اسمع و املا الجدول زيّ المثال.

مكرم قال إنّه	أيمن قاله إنّه
١- صحي متأخّر. ٢- ساق بسرعة. ٣- نسي يمَوِّن بنزين. ٤-عمل حادثة. ٥- كسر فانوس عربيّة تانية. ٦- ماادّاش المحاضرة. ٧- راح القسم و اتأخّر.	١- ماكانش لازم يصحى متأخّر. ٢- ماكانش المفروض يسوق بسرعة.

لاحظ القواعد

٣

(١) لغة الشكوى و اللوم و الاعتذار:

(أ) هوَّ بيلوم / بيشتكي إزّاي:

ضمير	كان		الجملة	
أنا	كنت			أصحى بدري.
			لازم	
إنت	كنت			تحطّ بنزين.
إنتي	كنتي			تروحي المحاضرة.
			ممكن	
هوَّ	كان			يجيب المحفظة.
هيَّ	كانت	كان		تذاكر عشان الامتحان.
			المفروض	
إحنا	كنا			نسافر بدري.
إنتوا	كنتوا			تيجوا معانا.
همَّ	كانوا			يروحوا المستشفى.

(ب) أو بيعتذر إزّاي:

ضمير	كلمات مساعدة تانية		
أنا	كنت	عايز	أدّي محاضرة بكرة ..
إنت	كنت	عايز	تزور بسّ ..
إنتي	كنتي	عايزة	تسافري بكرة لكن ..
هوَّ	كان	عايز	يروح الشغل بسّ ..
هيَّ	كانت	عايزة	تطبخ بكرة لكن ..
إحنا	كنّا	عايزين	نفوت عليك لكن ..
إنتوا	كنتوا	عايزين	تروحوا المستشفى بسّ ..
همَّ	كانوا	عايزين	يصلّحوا التلاجة بسّ ..

كان + لازم / المفروض / ممكن / عايز + فعل مضارع من غير بـ

النفي ماكانش + لازم / المفروض / ممكن / عايز + فعل مضارع من غير بـ

(٢) مفردات للاعتذار

أنا آسف – للأسف – معاك حقّ – أنا عارف – أنا غلطان – إن شاء اللّه المرّة الجايّة مش .. و هـا ..

أنهي؟	لاحظ المعنى
لغة الشكوى	كان لازم تذاكر إمبارح. ليه ماعملتش الواجب؟
لغة اعتذار	لو سمحت يامِتْر .. الجارسون كان لازم يرجّعلي باقي الحساب بس مارجّعش حاجة.
لغة لوم	الأتوبيس كان المفروض يوصل السّاعة ٥ و دلوقتي السّاعة ٦ و لسّة ماوصلش.
الكلام عن المستقبل	ماعندكش حقّ. كان لازم تصحى بدري شويّة و تروح الشغل.
	لو سمحت يافندم كان لازم أركب الطيّارة دلوقتي. لكن مش لاقي اسمي على الطيّارة.
	أنا آسف ماكانش لازم أتأخّر قوي كده لكن اللي حصل إنّ ..
	معاك حقّ .. أنا غلطانة .. كان لازم أرجع بدري يابابا.

كنت عايز أروح معاك الأوبرا بس آسف جداً .. يوم الجمعة الجايّة مشغول قوي.	
كان ممكن أسافر معاك بكرة بس مراتي عيّانة.	

التدريبات

٤

تدريب (١ - أ(١))

كلمات مفيدة: سقَط / قطع الكهربا / ضاع الوقت / يأجّل / وصْل النور / معرض الكتاب

اكتب: كان لازم / ماكانش لازم / المفروض / ممكن / عايز.

كرّر الحوار مع زميلك بالتبادل.

١- طالب (أ): سميرة .... تذاكري أحسن من كده عشان إنتي سقطتي.

طالب (ب): أيوه أنا آسفة .. بس .... أروح المستشفى إمبارح مع ماما.

٢- طالب (أ): .... تسوق بسرعة كده يا كمال .. كده كسّرت العربيّة؟

طالب (ب): أنا عارف أنا غلطان .. بس .... أوصّل المدام الشغل بسرعة.

٣- طالب (أ): قطعولي الكهربا إمبارح يافندم .. مش عارف ليه؟

طالب (ب): عشان .... تدفع وصل النور من شهرين!

٤- طالب (أ): يا محمد ابنك مادفعش فاتورة التليفون إمبارح!

طالب (ب): يمكن عشان .... يروح البنك في الأوّل .. و ضاع الوقت.

٥- طالب (أ): مانمتش إمبارح كويّس ليه؟

طالب (ب): عشان .... أحضر حفلة عيد ميلاد المدير .. و سهرت للسّاعة ٤ الصبح.

٦- طالب (أ): كده برضه نسيت تصلّحلنا التلاّجة؟ .... تصلّحها النهارده.

طالب (ب): أنا آسف جداً بس أنا .... أخلّص شغلي كلّه الأوّل.

٧- طالب (أ): .... تقول لمحمد ييجي بكرة بدري شويّة.. ليه ماقلتلهوش؟

طالب (ب): أنا آسف يافندم فعلاً .... أقولّه بس هوَّ .. ماردّش على التليفون.

٨- طالب (أ): .... أحجز تذاكر في قطر أسوان عشان بكرة .. بس ماكانش عندي وقت.

طالب (ب): ليه ماكانش عندك وقت؟ .... تحجز من بدري شويّة.

٩- طالب (أ): .... تعمل الواجب ده كلّه من إمبارح ماعملتهوش ليه؟

طالب (ب): أنا غلطان بسّ .... أوصّل صاحبي المطار و اتأخّرت.

١٠- طالب (أ): .... أروح معرض الكتاب بعد بكرة بسّ عندي اجتماع.

طالب (ب): ماعندكش حقّ .... تأجّل الاجتماع بعد معرض الكتاب.

تدريب (١ - أ(٢))

١- قول مع زميلك أنهي عبارة (لوم - شكوى - اعتذار - كلام) عن المستقبل في التدريب اللي فات.

٢- استخدم جمل (أ) في الحوار اللي فات و زميلك يقول ردّ من عنده. اعكسوا الأدوار و كرّروا النشاط.

٥

تدريب (١ - ب)

في بيتنا مُراهِق

كلمة مفيدة: مراهِق / مراهِقين

ممدوح و ابتهاج عندهم أولاد في سن المراهقة باهر و نوال. كلّ واحد منهم بيفكّر في نفسه بس .. دايماً عاملين مشاكل.

اسمع و جاوب .. مامتهم متدايقة ولا مبسوطة؟ اسمع مرّة تانية. ماما بتقول إنّ باهر ..

١- كان لازم .... عشان .... (كمّل الجملة)

٢- باهر عمل كده ليه ؟

٣- نوال كان لازم .... و .... (كمّل)

٤- نوال عملت كده ليه ؟

٥- مامتها كانت عايزة منها إيه؟

٦- إيه رأيك باهر و نوال سمعوا كلام أمهم؟ قالوا إيه؟

إنت كنت بتعمل إيه لمّا كنت في سن المراهقة؟

اتكلّم مع زميلك كان لازم تعملوا إيه في الوقت ده.

لكن ماكنتش بـ .... عشان	في سن المراهقة كان لازم
	الدراسة
	الوقت
	العيلة
	الأصحاب

تدريب (١ – ج)

تمثيل

كلمة مفيدة: يزعّق

موقف (١)

طالب (أ) طالب (ب)

طالب (أ) إنت بابا .. بتزعّق و بتكلّم الأولاد عشان كان لازم يعملوا حاجات زيّ: المذاكرة – الهدوم – الزبالة – الراديو – السجاير – الكتب – يشتري طلبات السوبر ماركت – النور – التنضيف – وصْل النور – فاتورة التليفون.

طالب (ب) إنت ابن .. ماعملتش الحاجات دي .. و مش عايز تعملها .. و بتعتذر و بتقول السبب. أو هتوافق تعملها زيّ المثال:

طالب (أ)	طالب (ب)		
	اعتذار	السبب	موافق
١- كنت عايزك تشتريلي طلبات من السوبر ماركت و تجبيلي الحاجات دي بسرعة.	لا مش فاضي دلوقتي أنا آسف .. بعدين.	عشان أنا كمان كنت عايز أغيّر زيت العربيّة بتاعتي.	حاضر .. هاخلّص المذاكرة و أنزل على طول.

موقف (٢)

كلمات مفيدة: فاتورة / فواتير - تقرير / تقارير

طالب (أ) إنت مدير الفندق بتسمع شكاوي الضيوف و بتعتذر عنها.

طالب (ب) إنت ساكن في الفندق ده و عندك مشاكل زيّ:

١- الأوضة مش نضيفة.

٢- السخّان بايظ.

٣- الأكل بيتأخّر.

٤- التليفون بايظ.

٥- مافيش رحلات كفاية.

٦- الأكل وِحش.

٧- مافيش خدمة عشان التوصيل للمطار .. إلخ.

استعملوا لغة الشكوى و اللوم في الحوار. اعكسوا الأدوار و كرّروا النشاط.

موقف (٣)

طالب (أ) إنت سكرتير بتسمع اللوم من المدير.

طالب (ب) إنت المدير و بتتكلّم مع السكرتيرعن شغل ما خلصش أو شغل مش كويّس.

اتكلّم عن: الجوابات – التليفونات – الرسائل – الفواتير – التقارير – البنك – الحسابات .. إلخ.

موقف (٤)

طالب (أ) إنت كنت عايز تروح رحلة الأسبوع الجّاي.

طالب (ب) إنت مش عايز و بتعتذر لزميلك.

نصّ الاستماع لتدريب (١- ب)

ابتهاج	إيه ده. كده الجيران زعلانين منّنا يا باهر كان لازم توطّي التليفزيون شويّة. ماوطّيتهوش ليه؟ كده برضه؟
باهر	معلش ياماما أنا آسف .. بسّ أنا باحبّ الصوت العالي.
ابتهاج	لا. كان لازم توطّي التليفزيون شويّة. و إنتي يانوال إيه هدومِك دي؟ كنت عايزاكي ترتّبيلي الأوضة. فيه ضيوف دلوقتي.
نوال	إيه ياماما بسّ فيه إيه؟ أنا معايا تليفون.
ابتهاج	كان المفروض تشيلي الهدوم دي من ساعة .. ماشيلتهاش ليه؟
نوال	حاضر .. حاضر هاشيلها لمّا أخلّص التليفون.
ابتهاج	سيبي التليفون ده كفاية كده .. و كان لازم تقعدي تخلّصي مذاكرتك .. و كنت عايزاكي تشتريلي تورتة عشان الضيوف.
نوال	حاضر ياستّي .. أنا آسفة هاعملك كلّ حاجة بس سيبيني دلوقتي أخلّص التليفون بتاعي.
ابتهاج	يووه .. يابنتي كفاية .. أنا عايزة أعرف مين اللي معاكي على التليفون ده؟

تقديم (٢)

نازل دلوقتي .. راجع على طول

اسمع الحوارات دي و كمّل الكلمة الناقصة.

راجع حالاً ٦

ممدوح: يا نجوى أنا نازل بعد شويّة السوق. مش عايزة حاجة من السوق؟

نجوى: لا يا ممدوح شكراً. آه .. إنت هتتأخرّ وللا راجع بسرعة؟ عشان أنا خارجة مع أختي .. خارجين في مشوار.

ممدوح: لا. راجع حالاً. بعد شويّة صغيرّة.

نجوى: طيّب أنا مش خارجة .. هستنّاك.

مسافر و راجع على طول ٧

سامح: ما قلتليتش إنت مسافر إمتى؟

جليل: مسافر بكرة إن شاء اللّه .. رايح فرنسا في مشوار شغل.

سامح: هتقعد قدّ إيه؟ مُدّة طويلة؟

جليل: لا لا .. أنا راجع بعد أُسبوع هاقعد أُسبوع بسّ.

كمّل الكلمة الناقصة.

١– ممدوح .... دلوقتي.	١– جليل .... بكرة.
٢– هوَّ .... بسرعة.	٢– هوَّ .... فرنسا.
٣– مراته .... مع أختها.	٣– هوَّ .... بعد أُسبوع.

٨

لاحظ القواعد

(أ) معنى اسم الفاعل مع كلمات بتدّل على الزمن:

لاحظ الجملة	إمتى؟	المعنى
١– هوَّ نازل السوق	بعد شويّة	الكلام عن المستقبل.
٢– هوَّ راجع من السوق	بسرعة	الكلام عن المستقبل.
٣– هيَّ خارجة	بعد شويّة	الكلام عن المستقبل.
٤– هوَّ مسافر أوروبا	بُكرة	الكلام عن المستقبل.
٥– هوَّ راجع البيت	بعد أُسبوع	الكلام عن المستقبل.

(ب) اسم الفاعل من أفعال بتدُلّ على الحركة و الانتقال من مكان لمكان: ٩

فعل يدلّ على الانتقال	الجملة مع اسم فاعل بيدُلّ على الانتقال	اسم الفاعل
بينزل	هوَّ نازل وسط البلد بعد شويّة.	نازل
بيطلع	هوَّ طالع الشقة اللي فوق حالاً.	طالع
بيخرج	هوَّ خارج من السينما و راجع البيت على طول.	خارج
بيدخل	هوَّ داخل الأوضة ينام.	داخل
بيروح	هوَّ رايح السوق.	رايح
بيرجع	هوَّ راجع بسرعة.	راجع
بيسافر	هوَّ مسافر أسبوع بس.	مسافر
بيجي	هوَّ جاي من السفر بكرة.	جاي

(٣) التصريف:

أنا إنت نازِل هوَّ	أنا إنتي نازلة هيَّ	إحنا إنتوا نازلين همَّ

(٤) النفي:

مش + نازِل – نازلة – نازلين

(٥) لاحظ: دايماً بعد اسم الفاعل من الأفعال اللي بتدُلّ على الانتقال كلمة تعبّر عن المكان أو الزمان.

ناقش معنى اسم الفاعل في كلّ جملة.

<u>أمثلة</u>:

هوَّ نازِل في شقّة خالتي لمّا يوصل الشهر الجّاي إن شاء اللّه.
مارك نازِل في فندق شبرد و هيسافر بكرة.

هوَّ طالع من حمّام السباحة بعد شويّة.
الإعلان بتاع الشركة طالع في جورنال بكرة إن شاء اللّه.

هوَّ داخل كليّة التجارة إن شاء اللّه.
المدير داخل مكتبه بعد ما يخلّص كلامه مع الضيوف وهيشوف مشكلتك.

هوَّ خارج من البيت دلوقتي.
سمير خارج في مشوار .. عايز منّه حاجة؟

رايح من شبرا للزمالك عشان يوصَّل مامته لأختها.
رايح بعد الماتش لأصحابه.

جاي بعد الماتش على طول و هاتغدّى معاكي.
جاي من السفر بكرة؟ جاي في أنهي قطر؟

أنا مسافر من مصر لأمريكا المرّة دي في ١٢ ساعة.
مسافر بعد بكرة إن شاء اللّه.

راجع من برّة إمتى؟
راجع على طول وللا هتتأخّر؟

التدريبات

تدريب (٢ – أ)

اتنينات

أ– وصّل السؤال بالإجابة المناسبة.

ب– غيرّ الفعل في الجملة لاسم الفاعل و كرّر الحوار مع زميلك.

١– ياأستاذ رامي هترجع إمتى؟	أ – هاروح المطار أوصّل أخويا.
٢– هتروح فين دلوقتي؟ الوقت متأخّر.	ب– آه طويل. هاروح من مصر الجديدة للهرم. هياخد ساعتين تقريباً.
٣– هانزل البلد أشتري فستان تيجي معايا؟	ج– لا. مش هارجع على طول.
٤– مش هتخرج من الأوضة ياأحمد؟ عايزة أنضفها.	د– أنا جاي يوم السبت إن شاء اللّه.
٥– هتروح معايا للدكتور؟	هـ– فكرة هايلة. وأنا هانزل عشان أشتري شنطة.
٦– هترجع بعد الشغل على طول؟	و– لا. هاروح الماتش آسف.
٧– هتسافر إمتى؟	ز– آه قوي. هاسافر من مصر لأمريكا في ١٤ ساعة تقريباً.
٨– هتيجي إمتى؟	ح_ آه. حاضر.. هاخرج حالاً.
٩– هتتطلع تجيبلي المحفظة من الشقّة؟	ط– هاسافر بعد بكرة.
١٠– هتسافر مسافرة طويلة؟	ى– هارجع بسرعة إن شاء اللّه.
١١– هتروح فين مشوار طويل؟	ك– آه .. هاطلع و أنزل على طول.

١٠

تدريب (٢ – ب)

أنا عندي مشكلة

كلمات مفيدة: وفْد / خَد / عشان

أستاذ حَسّان مسافر وعايز يقابل المدير قبل السفر .. لكن المدير ماعندوش وقت و السكرتيرة بتاعته بتقول المدير مشغول.

اسمع و اكتب في الأجندة: السكرتيرة قالت المدير مشغول.

١– هيَّ قالت إنّ المدير يوم الاتنين ....

يوم التلات ....

يوم الأربع ....

اسمع مرّة تانية و صحّح.

٢- طالب (أ) استعمل نفس أسئلة الموظّف.

طالب (ب) قولوا أسباب تانيّة زيّ المثال و اعملوا حوارات زيّ اللي فاتت.

أ - المدير هيرجع إمتى؟ عايز أقابله بكرة.

ب- المدير النهارده مش فاضي .. نازل عشان................

للأسف بكرة هوَّ رايح ....

بعد بكرة عنده ضيف جايّ من ....

يوم .... هوَّ مسافر ....

يوم .... هوَّ راجع من .... و متغدّي مع ....

يوم .... خارج .... و عنده حفلة ....

كرّروا النشاط و اعكسوا الأدوار.

تدريب (٢ - ج)

طالب (أ) إنت عايز مُساعدة من زميلك عشان يعمل طلبات.

طالب (ب) مش عايز تساعد و بتعتذر زيّ المثال.

مثال:

طالب (أ): ممكن تغسللي المواعين عشان أنا نازل البلد و ماعنديش وقت؟

طالب (ب): للأسف .. أنا مش فاضي .. أنا خارج دلوقتي و .... إلخ.

كلمات مفيدة: يطلّع / يلمّ / يمْسَح / الحنفيّة / الفُرن / بِقالة

أفكار مساعدة:

١- يودّي البدلة بتاعتك للمغسلة.

٢- يصلّحلك الحنفيّة.

٣- يغسلّك الغسيل.

٤- يشتريلك طلبات البقالة.

٥- يطبخلك أكل.

٦- ينضّفلك الفرن.

٧- يطلّعلك الزبالة برّة.

٨- يجيبلك الجورنال.

٩- يلمّلك الزبالة.

١٠- يمْسَحلك الترابيزة.

فكرَوا في طلبات تانية و اعكسوا الأدوار.

نصّ الاستماع لتدريب (٢ - ب)

حسّان	لو سمحتي أنا كنت عايز أقابل المدير عشان أناقش معاه مشاكل في الشغل .. أنا على فكرة مسافر آخر الأسبوع ده. و النهارده الاتنين.
سكرتيرة	بسّ كده إنت متأخّر قوي ياأستاذ حسّان .. كان لازم تيجي بدري شويّة .. دلوقتي المدير مشي. السّاعة ٥ خلاص.
حسّان	مشي إزّاي؟ أنا لازم أقابله .. شوفيلي حلّ .عايز أقابله بسرعة. طيّب ممكن بكرة؟
سكرتيرة	للأسف .. هوَّ مش جايّ المكتب بكرة عشان عنده شغل برَّة.
حسّان	طيّب شوفيلي ميعاد بعد بكرة.
سكرتيرة	بعد بكرة جّاي وَفْد من شركة سياحة.. ونازل معاهم في مشوار و بعد كده رايح معاهم معاد غدا.
حسّان	وباالليل؟ ممكن أقابله باالليل؟
سكرتيرة	لا باالليل برضه عنده حفلة عشاء معاهم.

حسّان	طيّب إيه رأيك في الخميس؟
سكرتيرة	يوم الخميس هوَّ مسافر أسوان ومش راجع لغاية يوم الحد.
حسّان	يانهار إسود! طيّب و بعدين أعمل أنا إيه في المشاكل دي؟

↙ دردش معانا

تقديم (٣)

١١

ما أنا عارف

أنور عنده مشكلة. إيه هيَّ؟ مراته عايزة منّه إيه؟ اسمع.

أنور	إيه مالِك متدايقة ليه؟
أُمَيْمة	كده برضه يا أنور بتدخّن سجاير وِسْط الناس؟ شوف كلّهم متدايقين منّك إزّاي؟
أنور	ما أنا عارف إنّهم متدايقين. بسّ أعمل إيه؟
أُمَيْمة	إنت قلتلي إنّك مش هتدخّن عشان صحّتك و عشان الناس اللي معاك.

أنور	ما أنا فاهم .. أنا آسف أنا غلطان.
أُمَيْمة	طيّب ليه بتعمل كده؟ ماكانش لازم تدخّن تاني.
أنور	عشان .. أنا مش قادر يا أُمَيْمة .. أنا تعبان بس مش قادر.
أُمَيْمة	يعني إيه مش قادر؟ ماتروح للدكتور.
أنور	ده كلام مظبوط .. معاكي حقّ .. كان لازم أروح للدكتور من زمان. حاضر أنا هاروح للدكتور ماتزعليش. طيّب إيه رأيِك أروح الإسبوع الجّاي؟
أُمَيْمة	طيّب إيه رأيك .. مانبتدي من النهارده؟ و دلوقتي؟
أنور	النهارده؟ دلوقتي؟ حاضر .. طيّب ممكن أخلّص السيجارة دي؟
أُمَيْمة	لا .. ياللا خلّص السيجارة برّة المطعم.
أنور	حاضر .. خلاص أنا خارج برّة دلوقتي أهه.
أُمَيْمة	لازم تشرب حاجة مفيدة. مابتشربش لبن أو عصير ليه؟ ياللا اخرج ماتشربش سجاير تاني.
أنور	ياستيّ ما أنا سمعت و فهمت .. و أنا خارج أهُه .. و رايح للدكتور بعد الضّهرْ. مبسوطة بقى؟

لاحظ الجمل اللي في الجدول مع ما.

الجملة مع ما	المعنى	الوظيفة مع ما
ما أنا عارف.	أيوه أنا عارف.	تأكيد
ماتروح للدكتور؟	إيه رأيك تروح للدكتور؟	اقتراح
ماباشربش لبن خالص.	ماباحبّش اللبن في أيّ وقت.	نفي
ما أنا سمعت و فهمت.	أنا متأكد إنّي فهمت الكلام.	تأكيد
ماتشربش سجاير تاني.	إوعى تشرب.	نهي

لاحظ القواعد

(١) استعمال (ما)

ما + الفعل	تسأل / تيجي / تروح / ماتقول .. إلخ.	الاقتراح
ما + الضمير	أنا / إنت / إنتي / هوَّ / هيَّ / إحنا / إنتوا / همَّ	التأكيد
		النفي
ما + الفعل + ش	مانامش / مابينامش / ماتنامش	النهي

(٢) للسؤال عن المشكلة و التعرُّف عليها

أ- مالَك / مالِك / مالكو؟

ب- فيه إيه؟

ج- إيه الحكاية؟

د- إيه المشكلة؟

هـ- خير .. حصل إيه؟ .. إلخ.

(٣) الاقتراح للحلّ

أ- ماتيجي - ماتعمل - ما + الفعل المضارع.

ب- إيه رأيك تعمل ..؟

ج- إيه رأيك تعملي ..؟

د- إيه رأيكو تعملوا ..؟

التدريبات

تدريب (٣ - أ)

رَتب الحوارات القصيرَة دي مع زميلك. ١٢

حوار (١) أحمد شكله متدايق. رَتب الحوار مع صاحبه نبيل عشان تعرف متدايق ليه.

أحمد	طيّب ماتشتري الطلبات دي وقت تاني عشان إنت شكلك تعبان قوي.
نبيل	أبداً متدايق عشان نازل تاني السوق .. مراتي عايزة طلبات تاني.
أحمد	إيه مالك .. حصل إيه؟ متدايق كده ليه؟
نبيل	ما أنا عارف .. بس أعمل إيه؟ .. ماهي مراتي هتزعل.

حوار (٢) نوال عايزة تنزل البلد .. مها مش عايزة تنزل معاها ليه؟ ١٣

نوال	معلش ماتنزلي معايا تاني .. إيه مشكلتك؟
مها	الأوكازيون؟ .. طيّب ما أنا نزلت إمبارح يا نوال.
نوال	يا مها ماتيجي ننزل النهارده قصر النيل؟ بيقولوا الأوكازيون ابتدى.
مها	المشكلة ماعنديش وقت و مسافرة بكرة.
نوال	ما إحنا راجعين على طول مش هنتأخّر. يادوب ٥ ساعات بسّ.

حوار (٣) باسم هيتجوّز النهارده. هوَّ اشترى البدلة؟ ليه؟ ١٤

رامي: طيّب ماتاخد تاكسي للتحرير و اسأل هناك على الميدان و المحل؟ ياللا بسرعة.

باسم: أيوه ما أنا عارف و رايح أجيب البدلة .. بسّ مش عارف أروح المحل.

رامي: إيه اللي حصل؟ إنت ما اشترتش البدلة بتاعة الفرح؟ ده بكرة الفرح!

باسم: حاضر ما أنا خارج أهه و نازل بسرعة .. ماتخافش هاخد تاكسي و هاجيب البدلة بسرعة.

اسمع وصحّحْ. كرّر الحوارات مع زميلك.

تدريب (٣ - ب) ١٥

صاحبتي عندها مشكلة

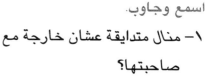

كلمات مفيدة: قواميس / بخيلة / الشِرا

اسمع وجاوب.

١- منال متدايقة عشان خارجة مع صاحبتها؟

٢- إيه مشكلة صاحبتها عفاف؟

٣- تفتكر اقتراحات رجائي أحسن حلّ للمشكلة؟

٤- عَندك صاحب عنده المشكلة دي؟ بيعمل إيه معاك؟

احكي لزميلك عن الشخص ده عملت إيه معاه.

اسأل زميلك عن اقتراح تاني لحلّ المشكلة.

كرّروا الحوار اللي فات.

تدريب (٣ - ج(١))

تمثيل

كلمة مفيدة: شريك الشقّة

طالب (أ) عندك مشاكل زيّ:

١- دايماً نمرة الامتحان وحشة قوي.

٢- شريكك و زميلك في الشقّة ما بيدفعش الإيجار معاك.

٣- زميلك أخد منّك فلوس و مارجعّهاش.

٤- بقيت بتاكل كتير و بتتخن.

طالب (ب): حاول حلّ المشكلة و استعمل لغة الاقتراحات زيّ المثال:

طالب (أ): أنا متدايق قوي .. دايماً نمرة العربي وحشة و مش عارف أعمل إيه.

طالب (ب): طيّب ماتذاكر أكتر .. مابتتكلّمش ليه دايماً مع مصريين. ماتقعد في القهوة كتير؟ .. إلخ.

نصّ الاستماع لتدريب (٣ – ب)

رجائي	إيه مالك يا منال. متدايقة ليه؟
منال	أبداً .. عشان خارجة بعد شويّة مع عفاف رايحين نشتري كتب و قواميس من وسط البلد عشان المذاكرة .. و بعدين يمكن و إحنا راجعين نفوت نشتري هديّة عيد ميلاد.
رجائي	طيّب زعلانة ليه؟ ماإنتي بتحبّي تروحي المكتبات و تشتري كُتب و بتحبّي تشتري هدايا .. بتحبّي كلّ الشرا؟
منال	أيوه ما أنا عارفة .. باحبّ كلّ الشرا .. بسّ المشكلة مش في الشرا. المشكلة في عفاف.
رجائي	عفاف! مالها عفاف؟ دي أحسن صاحبة عندك!
منال	أيوه ما أنا فاهمة بسّ هيَّ بخيلة جدا.
رجائي	بخيلة! ليه؟ بتعمل إيه؟
منال	كلّ مرّة أنا اللي لازم أدفع التاكسي .. و الطلبات في الكافيتريا .. و دلوقتي أنا نازلة و معايا فلوس كتير عشان عارفة إنها مش هتدفع تمن الكتب و القواميس اللي هتذاكر فيهم.
رجائي	طيّب ماتقوليلها تدفع معاكي؟
منال	لا ماقدرش. و إحنا خارجين من المطعم إمبارح سألتها على فكّة.. فقالتلي إنّها مابتاخدش فلوس أبداً و هيَّ خارجة معايا.
رجائي	آه .. معاكي حقّ دي فعلاً بخيلة بجدّ.. خلاص سيبك منها. ماتخرجيش معاها. و شوفيلك صاحبة تانية.

من واقع الحياة

الاستماع

جيران ماعندهمش ذوق

كلمات مفيدة: ذوق / فظيع ≠ هايل / يوطّي الصوت / عشان خاطري

مدام نجيّة جارة أستاذ حسنين.

أستاذ حسنين ساكن في الدور اللي تحتها.

اسمع وجاوب: مدام نجيّة جارة كويّسة.

اسمع مرّة تانية وجاوب.

١– الجار كان بيعمل إيه؟

٢– إيه المشكلة؟ هوَّ متدايق ليه؟

٣– مدام نجيّة كان لازم تعمل إيه؟

٤– أستاذ حسنين هيعمل إيه؟

٥– مدام نجيّة هتقول إيه للأولاد؟

٦– مدام نجيّة والأولاد .. جيران ذُوق؟

٧– إيه رأيك عندك جيران زيّ كده؟ اتكلّم عنهم.

٨– قول لزميلك عن حكاية سمعتها عن جار لك أو لأصحابك.

نصّ الاستماع لواقع الحياة

حسنين	مساء الخير يامدام .. أنا جاركو اللي ساكن في الدور اللي تحتكوا.
مدام نجيّة	أهلاً وسهلاً. أيّ خدمة؟
حسنين	أنا طالع ونازل أدوّر على الصوت العالي ده جاي منين. وبعدين لقيت الصوت ده جاي من عندكم.
مدام نجيّة	وإيه المشكلة؟
حسنين	ده صوت جامد قوي يامدام .. ده أنا قاعد في البيت و مش قادر أسمع نفسي خالص .. و مراتي متدايقة جداً والأولاد مش عارفين يذاكروا.
مدام نجيّة	معلش ياأستاذ .. عيد ميلاد ابني النهارده و أصحابه بيسمعوا مزّيكا ومبسوطين .. و بيرقصوا شويّة مع بعض فيها إيه يعني؟
حسنين	أيوه يافندم. بسّ كان لازم تقوليلهم إنّ فيه جيران تاني في العمارة .. وماكانش لازم يستعملوا ميكروفونات عالية كده .. إحنا مش في ديسكو.
مدام نجيّة	أيوه ياأستاذ ماأنا عارفة إنّ مش لازم ميكرفونات .. بسّ دول أولاد صغيّرين و عايزين ينبسطوا. ماإنت عارف سن المراهقة بقى.
حسنين	أيوه يافندم. بس دي حاجة مش معقولة. ده صوت فظيع .. معلش عشان خاطري وطّوا الصوت شويّة. أنا خارج دلوقتي و رايح مشوار و راجع على الساعة ١٠ .. فلو سمحتوا تخلّصوا كلّ الدوشة دي قبل الساعة ١٠ عشان عايزين ننام الليلة دي.
مدام نجيّة	طيّب .. طيّب أنا داخلة أقوللهم يوطّوا الصوت شويّة .. خلاص ماتزعلش .. إحنا آسفين ياسيدي .. مع السلامة.

القراءة

نبيل نزل من البيت و ساب لأمّه الرسالة دي. اقرا الرسالة:

ماما أنا نازل أدوّر على سبّاك علشان الحنفيّة باظت و أشوفلي مهندس كومبيوتر كويّس عشان الكومبيوتر برضه باظ. راجع على طول. إوعي تفتحي الحنفيّة لغاية لمّا آجي. أنا مش هتأخّر.

١- إيه المشكلة بتاعة نبيل؟

٢- هوَّ عايز يدوّر على مين؟

٣- إزّاي تقدر تساعد نبيل .. عندك اقتراح؟

الكتابة

اكتب رسالة لعيلتك أو زميلك عشان تقول له عن مشكلة عندك و هتعمل إيه و هتتصرَف إزّاي عشان تحلّ المشكلة دي.

الكلام

تعمل إيه في المشكلة دي؟

كلمات مفيدة: يتنفّس / يزوّد / يكترّ / الصّحة / التلوّث / نضافة / البيئة / النهر / التدخين

موقف (١)

بصّ للصور اللي تحت .. دي صور لمشاكل في بلاد و مدن كتير في العالم.

١- ناقش مع صاحبك ليه دي مشاكل؟

٢- دلوقتي اسمع المشكلة و حطّ (✓) قدّام الصورة المناسبة:

- الدوشة كتير و الناس بتبقى متدايقة و عندها صداع و مابتقدرش تشتغل.
- الشوارع زحمة و مافيش مكان تركن العربيّة أو تمشي في الشارع.
- الصوت عالي و الناس مابتعرفش تسمع بعض.
- الدخّان بيدايق الناس و مش كويّس عشان الصّحة.
- المدينة و الشوارع بقى شكلها وحش من الزبالة في كلّ مكان.
- مافيش نضافة و ده مش كويّس عشان الصّحة.
- الناس بترمي زبالة في النهر والبحر و ده مش كويّس عشان السمك والحيوانات. و الموضوع ده بيكتّر و بيزوّد التلوّث في البيئة.

التدخين في المطاعم	تلوّث المَيّه
الدوشة والزحمة	رَمْي الزبالة بيزوّد التلوّث

٣- اتكلّم مع زميلك عن الصور اللي فاتت و ناقش:

– في أنهي بلاد أكتر؟

– إيه سبب المشكلة؟

– تفتكر نعمل إيه في المشكلة؟

– إيه بيزوّد المشكلة دي؟

– استعمل لازم – كان لازم والمفروض – ضروري / ممكن.

– ده إحنا .... الحكومة بتعمل ....

– مش لازم و إحنا خارجين نرمي الزبالة في الشارع .. كان لازم – أو المفروض نرمي الزبالة في صندوق الزبالة .. إلخ.

موقف (٢)

مشاكل شخصيّة

تمثيل

طالب (أ) إنت عندك المشاكل دي .. اطلب مساعدة و اسأل على النصيحة.

١- وِقِعْت و مش عارف تمشي و مش قادر تروح الامتحان .. و عايز حدّ يساعدك.

٢- السخّان بايظ والدنيا برد .. وعايز حدّ يشوفلك كهربائي.

٣- مش فاهم درس العربي كويّس.

٤- خطيبِك بخيل. مش عايز يعزمِك على حاجة و مش عايز يشتريلك حاجة.

٥- عندك مشوار للمطار و عايز حدّ يوصّلك .. و نسيت تقول لحدّ.

طالب (ب) اقترح إزّاي تساعد زميلك. اقترح النصيحة المناسبة في المستقبل.

طالب (ب) إنت عندك زميل في الأوضة متعب جداً بيعملك مشاكل.

اشتكي لطالب (أ) و احكي له عن الزميل ده.

مشاكل زي:

- بيرمي كتبه و هدومه.
- بيسمع راديو بصوت عالي.
- بيلبس جزمتك.
- بيدخّن في الأوضة.
- مابيرميش الزبالة.
- بيسيب النور والع طول الليل.
- بيلخبط الدولاب.
- مابيغسلش المواعين زيّك.

طالب (أ) اقترح إزّاي تساعد زميلك .. و قول له يعمل إيه في المستقبل.

افتـــكر

(١) للشكوى واللوم.

الإثبات	كان لازم / المفروض / ممكن + فعل مضارع من غير بـ.
النفي	ماكانش لازم / المفروض / ممكن + فعل مضارع من غير بـ.

(٢) الاعتذار

مثال: كنت عايزة أزورك لكن ما قدرتش.

(٣) الحديث عن المستقبل والكلام عن المشاكل وحلّها باستعمال أفعال الحركة والانتقال.

هوَّ: نازل – طالع / داخل – خارج / رايح – جّاي / مسافر – راجع.

لضمائر المفرد المذكر	لضمائر المفرد المؤنث	لضمائر الجمع
نازل	نازلة	نازلين
النفي: مش نازل	النفي: مش نازلة	النفي: مش نازلين

(٤) استعمال ما

١– ماتيجي نقعد على القهوة.	اقتراح
٢– ماتشربش سجاير تاني.	نهي

٣– ماباحبّش الفراخ.	نفي
٤– ماأنا عارف.	تأكيد

الوحدة التامنة

١

محتويات الموضوعات في الوحدة التامنة

- تقديم (١) الكلام عن الإنجازات.
- تقديم (٢) وصف الإنجازات و الأحداث.

دردش معانا

- تقديم (٣) السؤال عن معلومات و أشياء و وصف إنجازات.

الوحدة التامنة ٢٦٥

فهرس الكلمات الجديدة في وحدة ٨

تقديم (١)

اتّصل بـ – رسومات – المشروع الجديد – دوسيه – وِشّك – كليّة الهندسة – ملف – النمرة مشغولة.

تقديم (٢)

حَلَق – غُويشة – سِلْسِلة – طَقْم – طبق نحاس – ڤترينة – فَضّة – دَهب – صَايغ – كَوى – نَشّر – مَسَح – لمّع – موّن بنزين.

تقديم (٣)

أبو صَلعة – عَزَف – كليّة السياحة – بطولة مصر – ماافتكرش – افتكر – شهر عسل – ترقيّة – مركز في الشغل.

من واقع الحياة

بسيطة – احكي لي – ربّنا يخللي – فُرصة سعيدة – لسّة ساكنة – لسّة بدري – غيّر الشغل – جميع الأنواع – حسب النوع – أصلي.

٢

تقديم (١)

أنا لسّة بانضّف

مدام ناهد عندها ضيوف كتير النهارده.

اقرا حوار مدام ناهد مع سعديّة الشغّالة.

اسمع الحوار و جاوب .. هيَّ عملت إيه .. و لسّة ماعملتش إيه؟

ناهد: ياللا يا سعديّة. خلّصتي وللا لسّة؟

سعديّة: أيوه يامدام .. خلّصت حاجات .. و لسّة باخلّص حاجات تاني.

ناهد: خلّصتي إيه؟ و لسّة بتخلّصي إيه؟

سعديّة: خلّصت أوضة النوم من ساعة. نضّفت الأوضة كويّس قوي و رتّبت أوضة السفرة من ساعتين. و شلت سجادة الأنتريه و نضّفت تحتها إمبارح.

ناهد: كويّس قوي. طيّب دلوقتي؟ لسّة بتعملي إيه؟

سعديّة: لسّة بانضّف أوضة الصالون .. و لسّة باطبخ الأكل عشان الضيوف .. و لسّة باغسل. الهدوم لسّة في الغسّالة .. و لسّة باشتغل في المطبخ. و لسّة ماعملتش السلطة و لا الرز كمان.

ناهد	ياه .. كلّ ده يا سعديّة؟! لسّة بتطبخي و بتنضّفي .. و لسّة ماعملتيش السلطة و الرز و البيت هينضف إمتى؟ الضيوف جايين الساعة ٤ .. و إنتي لسّة بتشتغلي؟ و دلوقتي الساعة ٣ و لسّة ماخلّصتيش الأكل. أعمل إيه دلوقتي؟ طيّب فين السوّاق. مشي؟

سعديّة	لا لسّة بيشتري طلبات .. لسّة ماجاش.

لاحظ الجدول الشغّالة عملت إيه و لسّة بتعمل إيه

إمبارح	الساعة ١ الضهر (من ساعتين)	الساعة ٢ بعد الضهر (من ساعة)	دلوقتي الساعة ٣ بعد الضهر
شالت السجادة. نضّفت تحت السجادة.	رتّبت أوضة السفرة.	نضّفت أوضة النوم.	لسّة بتنضّف الصالون. لسّة ماطبختش كلّ الأكل. لسّة بتغسل الهدوم. لسّة ما عملتش السلطة.

لاحظ القواعد

٣

(١)

إمبارح/من ساعة عملت إيه؟	دلوقتي بتعمل إيه؟	دلوقتي ماعملتش إيه؟
نضّفت الفعل الماضي	لسّة بتنضّف لسّة + بـ + فعل مضارع	لسّة مانضّفتش لسّة + ما + فعل ماضي + ش

(٢)

إمبارح	النهارده
خلاص نضّفت السجادة. خلاص + فعل ماضي حاجة حصلت و خِلْصِت.	لسّة بترتب أوضة السفرة. لسّة + بـ + مضارع حاجة لسّة بتعملها.

التدريبات

تدريب (١- أ(١))

الساعة دلوقتي بقت خمسة. الناس في المكتب لازم يمشوا.

اكتب جملة تحت كلّ صورة مين خلّص و مين لسّة بيشتغل؟ صحّح مع زميلك.

أحمد .... التليفون	نبيل .... اتكلم	هشام .... بيشتغل على	تامر............ اشتغل
هناء .... بتقرا	نهال .... قرت	تهاني .... بتكتب	ماجدة .... كتبت

تدريب (١- أ(٢))

طالب (أ) اسأل زميلك عن الناس دي دلوقتي بتعمل إيه؟

كريمة بتعمل إيه؟   سميرة ....   أحمد ....؟

سلوى ....   نورا ....؟   كامل ....

طالب (ب)

كريمة ....   سميرة............................؟   أحمد ....

سلوى ....؟ نورا .... كامل ....؟

تدريب (١- ب)

٤

السكرتيرة النشيطة

كلمة مفيدة: رسومات المشروع

اسمع و جاوب.

١- سارة موظّفة نشيطة وللا كسلانة؟

٢- المدير ده صعب وللا كويّس؟

٣- اسمع مرّة تانيّة و املا الجدول.

سارة عملت	سارة لسّة	سارة لسّة ما ....

تدريب (١- ج)

كلمة مفيدة: موّن بنزين

موقف (١)

اعملوا حوار في الموقف ده:

إنت و مراتك رايحين حفلة و اتأخّرتوا على الحفلة.

طالب (أ) الزوج: إنت لبست / موّنت بنزين / لسّة معاك تليفون / ميعاد المقابلة.

طالب (ب) الزوجة: إنتي لسّة مالبستيش / الدُش / المكياج / الهدوم / اشتريتي الهديّة / الكيكة في الفرن.

موقف (٢)

اعملوا حوار في الموقف ده:

بكرة امتحان و الأب و الابن بيتخانقوا. طالب (أ) الابن: إنت عملت حاجات و لسّة ماخلّصتش حاجات.

طالب (ب) الأب: اسأل ابنك عن الحاجات اللي خلّصها و اللي لسّة ماخلّصهاش.

نصّ الإستماع لتدريب (١- ب)

المدير	يا سارّة فين ملف الحسابات بتاع الشركة؟ جيبتي الملف من مدير الحسابات وللا لسّة؟
سارّة	لسّة يافندم ماجيبتش الملف .. مدير الحسابات لسّة بيحضّره.
المدير	طيّب ملف شركة الصفا؟ خلّصتي الملف ده؟
سارّة	لسّة يافندم باخلّصه.
المدير	اتّصلتي بشركة التليفون؟

سارّة	لسّة ماتّصلتش بالشركة. النمرة مشغولة على طول.
المدير	يووه .. كتبتي الردّ على الجوابات؟ عملتي القهوة؟
سارّة	أيوه يافندم كتبت الردّ و عملت القهوة كمان.
المدير	طيّب فين رسومات المشروع الجديد؟
سارّة	الحقيقة الرسّام و المهندس لسّة بيرسموا. لسّة ماخلّصوش.
المدير	طيّب حضّرتي الدوسيه عشان الاجتماع مع مدير شركة الكاتب؟
سارّة	الاجتماع؟ الدوسيه آه .. نسيت .. لسّة يافندم ماعملتش حاجة في الدوسيه.
المدير	إيه! الاجتماع بعد نصّ ساعة و إنتي لسّة ماحضّرتيش الدوسيه! اتفضّلي برّة .. مش عايز أشوف وشّك النهارده خالص.

تقديم (١٢أ)

لسّة من شويّة

اسمع الحوارات القصيرّة دي و قول الناس دول عملوا الحاجات دي من إمتى؟

ناجي	أهلاً وسهلاً اتفضّل شاي.
دانيال	لا. شكراً. لسّة شارب حالاً.
ناجي	أجيبلك حاجة تاكلها؟
دانيال	لا يا ناجي ألف شكر أنا لسّة مِتغدّي من شويّة في البيت. أنا جاي أقعد معاك شويّة بسّ.

- دانيال شرب الشاي إمتى؟ هوَّ لسّة شارب حالاً.
- هوَّ اتغدّي إمتى؟ هوَّ لسّة متغدّي من شويّة.

مدير　خلّصتي الجواب يا هناء؟
هناء　أيوه. لسّة مخِلّصة دلوقتي.
مدير　اتّصلتي بمدير شركة إلكترو؟
هناء　أيوه يافندم. لسّة متّصلة بيهم حالاً.
مدير　صبحي السوّاق موجود برَّة؟
هناء　أيوه .. لسّة قاعد و مستنّي حضرتك.

– السكرتيرة خلّصِت الجواب إمتى؟ هيَّ لسّة ....
– هيَّ اتّصلت بالشركة إمتى؟ هيَّ لسّة ....

الست　نضّفتي أوضة الصالون؟
الشغّالة　أيوه ياهانم لسّة منضّفة الأوضة من نصّ ساعة.
الست　طيّب طبختي الأكل؟
الشغّالة　أيوه لسّة طابخة الأكل من ١٠ دقايق. ياللا الأكل سخن.

– الشغّالة نضّفت إمتى؟ هيَّ لسّة .... من نصّ ساعة.
– هيَّ طبخت الأكل إمتى؟ هيَّ لسّة .... من ....

تقديم (٢ب)

لسّة من شويّه

اقرا الجملة.

أنا لسّة داخل من الشغل.

سؤال: هوَّ دخل من الشغل إمتى؟ من شويّة.

الزمن: ماضي قريّب.

لاحظ القواعد

(١) الكلام عن إنجاز حصل في ماضي قرّيب.

الجملة	التركيب
– هيَّ لسّة منضّفة من نصّ ساعة. – هوَّ لسّة شارب من شويّة. – همَّ لسّة مِتغدّيين حالاً.	لسّة + اسم فاعل + حالاً / من شويّة / من نصّ ساعة

(٢) لوصف حالة مستمرّة

الجملة	التركيب
– هوَّ لسّة قاعد لغاية دلوقتي. – هيَّ لسّة مستنيّة لحدّ دلوقتي.	لسّة + اسم **فاعل** + لغاية دلوقتي / لحدّ دلوقتي

(٣) للكلام عن إنجاز في المستقبل:

التركيب	الجملة
لسّة + هـ + فعل مضارع	– لسّة هـاخد دش و بعدين أتغدّى. – هوّ أخد دش و لا لسّة بعد شويّة هياخد؟

حدّد الزمن في الجمل دي مع المدرّس.

الزمن			
مستقبل	ماضي	دلوقتي	
			لسّة بتنضّف.
			لسّة مانضّفتيش.
			لسّة واقف على الباب.
			لسّة قاعد قدّام التليفزيون.
			لسّة نايم لغاية دلوقتي.
			لسّة هيذاكر.
			لسّة بتطبخ.
			لسّة لابسة البلوزة بتاعتها من الصبح.
			لسّة هتكتب الدرس.

التدريبات

تدريب (٢ – أ)

كلمات مفيدة: كوى / نَشَّر / مَسَح / لمَّعْ

اكتب الكلمة المناسبة مع لسّة .. و كرّر الحوار مع زميلك زي المثال.

١– طالب (أ): يا أم أحمد .. كويتي القمصان للبيه؟

طالب (ب): أيوه ياست هانم أنا لسّة **كاوية** ٤ قمصان من ربع ساعة.

٢– طالب (أ): هناء السوّاق مشي وللا لسّة موجود؟

طالب (ب): لا يا حسام. السوّاق مامشيش .... تحت في العربيّة.

٣– طالب (أ): يا عمّ عاطف مسحت العربيّة عشان أنا خارج دلوقتي؟

طالب (ب): أيوه يا بيه أنا .... العربيّة من ٥ دقايق.

٤– طالب (أ): يا سعديّة لمّعتي الموبيليا؟

طالب (ب): أيوه ياستّ هانم .... الموبيليا و هاخلّص البيت كلّه بعد شويّة.

٥– طالب (أ): دفعت فاتورة التليفون يا حسني؟ النهارده آخر يوم .. افتكرت؟

طالب (ب): آه .. الحمد للّه افتكرت و .... ها النهارده الضّهر.

٦– طالب (أ): إحنا مش هناكل برّة النهارده؟

طالب (ب): لا مافيش أكل برّة أنا .... حمام وبطاطس لذيذة قوي.

٧– طالب (أ): تشرب شاي معايا؟

طالب (ب): لا شكراً أنا .... من شويّة.

٨– طالب (أ): ماتتغدّى معانا يا هاني؟

طالب (ب): لا شكراً عشان .... مع العيلة في البيت بعد شويّة.

٨

تدريب (٢- ب)

لسّة راجعة من برّة

كلمات مفيدة: طبق نحاس / مشغول / صايغ / غويشة / حلق / خاتم / خرطوشة

أشرف و أمال هيسافروا برّة عشان يحْضَروا فرح أخت أمال.
أمال نزلت خان الخليلي عشان
تشتري هدايا و تجيب حاجات تاني
للفرح و السفر.

اسمع و املا الجدول:

إيه الحاجات اللي عملتها؟

السؤال	الجواب
١- أمال رجعت إمتى؟	هيَّ لسّة واصلة من ٥ دقايق.
٢- الحاج محمود خلّص الخاتم الفضّة؟	هوَّ لسّة ماخلّصش
٣- الحاج محمود كتب على الخرطوشة بالفرعوني؟	هوَّ لسّة
٤- أمال طلبت السلسلة عشان الخرطوشة إمتى؟	هيَّ لسّة
٥- أمال اشترت الطبق النحاس إمتى؟	هيَّ لسّة
٦- هيَّ اخدت الغويشة من الصايغ إمتى؟	هيَّ لسّة
٧- الصايغ هيخلّص الطقم بتاع العروسة إمتى؟	هوَّ لسّة
٨- أشرف وِصل البيت إمتى؟	هوَّ لسّة
٩- أشرف أخد الدُش إمتى؟	هوَّ لسّة

١٠– الشغّالة عملت الرز والسلطة إمتى؟	هيَّ لسّة
١١– الشغّالة طبخت الملوخيّة إمتى؟	هيَّ لسّة
١٢– الأولاد نزلوا إمتى؟	همَّ لسّة

كرّر الحوار مع زميلك.

اسأل زميلك عمل إيه من شويّة .. و لسّة ماعملش إيه.

تدريب (٢– ج)

تمثيل

١– طالب (أ) إنت صاحب البيت و بتسأل الشغّالة خلّصت التنضيف و للا لسّة؟ بتعمل إيه؟ لسّة هتعمل إيه؟

٢– طالب (ب) إنت شغّال / شغّالة كسلانة. عملت حاجات و لسّة بتعمل حاجات تاني. بتقول عملت إيه؟ و ماعملتش إيه؟ و لسّة بتعمل إيه؟ و لسّة عامل إيه؟ و لسّة هتعمل إيه؟

نصّ الاستماع لتدريب (٢– ب)

أشرف: أهلاً يا أمال إنتي رِجعتي إمتى من السوق؟

آمال: أنا لسّة راجعة من ٥ دقايق. لسّة واصلة و تعبانة قوي.

أشرف: ليه إنتي لفّيتي كتير؟ ماشتريتيش كلّ الطلبات و للا إيه؟

آمال: لا .. لسّة ماشتريتش كلّ حاجة. الحاجّ محمود بتاع الفضّة قاللي إنه لسّة ماخلصش الخاتم الفضّة .. ولسّه طالبة منّه سلسلة عشان الخرطوشة اللي بيكتب عليها بالحروف الفرعوني .. ويمكن يخلّص كلّ حاجة بكرة.

أشرف   إم .. آه إنتي اشتريتي الأسبوع اللي فات الطبق النحاس المشغول اللي كان في الڤترينة عنده مش كده؟

أمال   لا .. لسّة مِشتريّة الطبق النهارده وجايباه معايا أهُه .. شوف. حلو؟

أشرف   آه .. حلو قوي. طيّب و رُحتي للخواجة ريمون الصايغ؟

أمال   آه .. رحت و لسّة واخدة منّه الغويشة الدهب بتاعتي .. و لكن لسّة بيعمل في الطقم بتاع العروسة كلّه. العُقد و الحَلَق و الخاتم الدهب .. و إنت عملت إيه؟

أشرف   أنا برضه لسّة واصل من الشغل من نص ساعة .. و لسّة واخد الدش بتاعي من ٥ دقايق .. و لسّة قاعد و مستنيّ عشان نتغدّى مع بعض.

أمال   و الشغالة خلّصت و للا لأ؟ سألتها؟

أشرف   آه .. قالت لي إنّها لسّة مخلّصة الرز و لسّة بتعمل السلطة و لسّة طابخة الملوخيّة و الفراخ حالاً. ياللا ناكل بقى .. الأكل سخن.

أمال   طيّب فين الأولاد؟ مش سامعة صوتهم.

أشرف   لسّة نازلين حالاً رايحين يشتروا بيبسي و راجعين على طول.

أمال   طيّب أنا هاقوم آخد دُش و نتغدّى على طول.

دردش معانا

٩

تقديم (٣)

و ده .. مين ده؟

كلمات مفيدة: شهر عسل / ترقية / مركز في الشغل

عماد مش متجوز و معزوم مع زميلته ميمي في حفلة عند ناس أصحابهم.

اسمع الحوار وجاوب هوَ عايز يعرف مين بالظبط؟

عماد — وده مين اللي قاعد على كرسي الكومبيوتر قدّامنا ده يا ميمي؟

ميمي — آه .. اللي قاعد قدّام الكومبيوتر ده؟ ده وديع منصور .. إنت مش عارفه و للا إيه؟

عماد — لا. مش عارفه. ده أوّل مرّة أشوفه. مين هوَّ؟

ميمي — إم .. ده ياسيدي أحسن واحد بيصلّح كومبيوترات ده لسّة من حوالي أسبوع كده واخد أحسن جايزة من الشركة بتاعته.

عماد — طيّب و مين الست دي اللي واقفة ورايا جنب التلاّجة؟ مش دي ناهد صاحبتِك؟

ميمي — أيّ واحدة؟ آه دي؟ لا.مش هيّ دي. لا. ماعنديش أيّ فكرة مين دي. ماشفتهاش قبل كده. لا لا .. ماعرفهاش.

عماد — إم .. طيّب ودي مين دي الحلوة اللي قاعدة على الكرسي هناك وراكي؟

ميمي — دي عفاف عبد الهادي. دي بنت صاحب شركة هادي موتورز. دي عندها أحلى عربيّة في الشلّة. كلّ شويّة تغير عربيّتها. بسّ برضه شاطرة قوي. دي لسّة مخلّصة ماجستير في البزنس عشان تساعد أبوها بعد كده.

عماد — إم .. طيّب و دول .. مين دول اللي واقفين جنب التلاّجة هناك؟

ميمي: آه .. دول أشرف ونرمين. دول لسّة متجوزين من شهر. ولسّه راجعين من برّة. كانوا في رحلة شهر عسل و شغل في نفس الوقت. دول عملوا برنامج حسابات هايل للشركة و لسّة واخدين ترقيّة.

عماد: إم .. طيّب باقولك إيه. ماتعرفيني بعفاف دي. أنا كمان لسّة واخد ترقيّة و مرتّب كويّس و مركز هايل في شغلي .. إيه رأيك؟

ميمي: لا .. ياسيدي روح اتعرّف إنت بنفسك. لكن استنّى هنا! ورّيني دي إيه البدلة الجميلة دي اللي إنت لابسها؟ جديدة دي وللا إيه؟

لاحظ القواعد

(١) للسؤال عن الناس و الحاجات

١٠

	للسؤال عن الناس	للسؤال عن الحاجات
مفرد مذكرّ	ده مين ده؟	ده إيه الكتاب ده؟
مفرد مؤنّث	دي مين دي؟	دي إيه البدلة دي؟
جمع	دول مين دول؟	دول إيه الفساتين دول؟

(٢) لما نقول معلومات عن إنجازات الناس:

١١

الاسم	الضمير الغائب (التالت)	الجملة من غير الإسم أو الضمير الغائب
وديع	هوَّ	ده لسّة واخد جايزة من أسبوع.
عفاف	هيَّ	دي لسّة مخلّصة الماجستير من شهر.
أشرف و نرمين	همَّ	دول لسّة متجوّزين الشهر اللي فات.

(٣) لمّا مانعرفش حدّ أو الموضوع بنقول:

– لا مش عارف.　　　– لا ماعنديش (أيّ) فكرة.

١٢

	يعرف	شاف
هوَّ	لا ماعرفهوش.	لا ماشفتهوش قبل كده.
هيَّ	لا ماعرفهاش.	لا ماشفتهاش قبل كده.
همَّ	لا ماعرفهمش.	لا ماشفتهمش قبل كده.

(٤) طريقة تانية للسؤال عن الناس والحاجات:

١٣

الناس	الإجابة
مش ده أحمد؟	لا مش هوَّ / أيوه هوَّ
مش دي نوال؟	لا مش هيَّ / أيوه هيّ
مش دول ناهد و سمير؟	لا مش همَّ / أيوه همَّ

الحاجات	الإجابة
مش ده كتاب العربي؟	لا مش ده. أو أيوه هوَّ.
مش دي البلوزة؟	لا مش دي.أو أيوه هيَّ.
مش دول كتبك؟	لا مش دول.أو أيوه همَّ.

التدريبات

١٤

تدريب (٣ - أ)

١- اسمع الحوارات دي و حطّ (✔) على الصورة المناسبة.

٢- اسمع مرّة تانية و وصّل:

- أم شعر طويل. لابسة فستان سواريه .. ماسكة شنطة. - الطويل اللي كان معانا في المدرسة. - لابسة بلوزة خضرا بكم طويل و بنطلون جينز.	- عندها بوتيك حريمي. - عندها مطعم. - بيشتغل في المطار.	- لسّة راجعة من لندن. - لسّة مِشتري عربيّة تويوتا. - لسّة مِشتريّة بوتيك.

٣- اقرا الحوارات و كرّرها مع زميلك.

٤- طالب (أ) استعمل أسئلة الحوارات.

طالب (ب) جاوب إجابات تانية من عندك.

٥- اعكسوا الأدوار و كرّروا النشاط.

تدريب (٣ - ب)

كلمات مفيدة: عَزْف / كلية السياحة / بطولة مصر

١- بصّ للصورة. طالب (أ) اسأل زميلك عن الناس اللي في الصورة.
طالب (ب) استعمل العبارات المساعدة عشان تعملوا حوار زيّ المثال.

العبارات المساعدة:

– اشتغل في السفارة من أسبوع. – عزّل الأسبوع اللي فات.
– أخدِت جايزة من أسبوع في الموسيقى. – اتخرّج من كليّة السياحة.

- أخد ترقيّة و بقى مدير مطعم الأسبوع ده.
- عنده ولدين و بنت.
- بيدرّس في مدرسة فرنساوي.
- بتشتغل مديرة حسابات.
- كتب مقالة إمبارح عن التنس.
- درست ماجستير في عَزْف الكمنجة.
- كسب بطولة مصر للتنس.
- اتجوّزت الأسبوع اللي فات.
- صحفي في مجلّة الرياضة.
- عندها عربيّة مرسيدس.

مثال للحوار:

أ- مش دي نوال؟	ب- أيّ واحدة؟
أ- اللي لسّة متخرّجة معانا من الكلية.	ب- اللي لابسة عُقد أحمر؟
أ- آه. بالظبط.	ب- لا لا. دي مش هيَّ .. دي ماعرفهاش.
كمّل الحوار من عندك.	كمّل الحوار من عندك.

٢- اعكس الأدوار وكمّل النشاط.

٣- استعملوا نفس الصور و لكن بمعلومات مختلفة من عندكم و كرّروا النشاط.

تدريب (٣ - ج)

موقف (١)

إنت و زميلك روحتوا حفلة.

طالب (أ) استعمل الكلمات المساعدة تحت كلّ صورة و اسأل معلومات عن ٤ صور من الصور دي. و قول معلومات تانية عنهم من عندك.

طالب (ب) اتكلّم عن نفس صور زميلك .. وافق على بعض المعلومات .. و صحّح المعلومات التانية.

قول معلومات إضافيّة من عندك. غيرّوا الصور و كرّروا النشاط و الأدوار.

مثال للحوار:

صوّرة (١)

طالب (أ): مش دي مدام شكريّة اللي بتشتغل مديرة في شركة السلام؟

طالب (ب): لا. دي مش مدام شكريّة دي مدام عنايات.

طالب (أ): إزّاي؟ مش هيَّ دي اللي لسّة ....؟

طالب (ب): لا .... ماعرفهاش. مش متأكّد .. ماافتكرش دي .... إلخ.

صورة (١)	صورة (٢)	صورة (٣)	صورة (٤)
مدام عنايات / مديرة مدرسة	كمال / فرقة	ياسمين / إمبارح	نوال / صاحبة بوتيك

وسام / شركة كومبيوتر	داليا / فرقة باليه	ولاد عمّة محمود	ڤيولا ونزيه في فرنسا

موقف (٢)

إنت و زميلك اسألوا عن باقي أفراد الفصل.

طالب (أ) وده مين ده؟ مش ده .... (كلام مش حقيقي من عندك).

طالب (ب) وافق أو اختلف .. و استعمل معلومات تانية من عندك.

نصّ الاستماع لتدريب (٣ – أ)

نبيل   اللّه! صورة الفرح بتاعتك حلوة قوي. ١٥

هاني   آه. شكراً شفت خالتك و عمتك في الصورة كمان؟

نبيل   آه. صحيح .. طيّب و دي مين دي؟

هاني   أيّ واحدة؟

نبيل   اللي لابسة فستان سواريه. أم شعر طويل و شنطة خضرا.

هاني   آه. دي؟ دي أخت مراتي. دي كان عندها السفير بياكل في المطعم بتاعها و سابت المطعم .. عشان تحضر الفرح.

سمير   يا سونيا مش دي ماجدة؟ اللي مع الناس دول؟ ١٦

سونيا   فين دي؟ أيّ واحدة فيهم دي؟

سمير   اللي لابسة بلوزة خضرا بِكُم طويل؟ اللي لسّة مِشتريّة بوتيك حريمي في شارع الوادي؟

سونيا   لا لا. مش هيَّ دي. مش شكل ماجدة خالص. لا لا دي ماعرفهاش أبداً. دي ماشفتهاش قبل كده خالص.

عِفّت   بصّ يا صبري مش ده بهيج اللي هناك ده؟ ١٧

صبري   فين ده؟ لا لا ده مش بهيج .. ده مين ده؟ لا لا. ماعرفهوش.

عِفّت   إزّاي! مش ده بهيج اللي كان معانا في المدرسة؟ الطويل ده؟

صبري — اللي لسّة مِشتري العربيّة التويوتا.. وبيشتغل في المطار الجديد؟

عِفت — آه .. بالظبط. أبو صلعة ده اللي بيشتغل في المطار.

صبري — يمكن هوَّ؟ أنا مش شايفة كويّس عشان بعيد. لا .. لا أنا مش متأكّد قوي يا عِفّت .. عشان كمان الراجل اللي هناك ده لابس كاب.

من واقع الحياة

١٨

الاستماع

عملت إيه في حياتك

عادل و سناء اتقابلوا قدّام السوبر ماركت.

اسمع و قول:

(أ) عادل و سناء بيعرفوا بعض من زمان؟

(ب) اسمع و املا الجدول بالمعلومات:

المعلومات عن	عادل	سناء
الدراسة		
الجيش		
الشغل		
الأولاد		
العربيّة		
السكن		

(ج) تفتكر **عادل** مبسوط من حياته ليه؟ **سناء** مبسوطة من حياتها ليه؟

(د) اتكلّم مع زميلك في حوار زيّ كده .. و كلّ واحد يقول عمل إيه في حياته .. درس إيه؟ لسّة بيدرس إيه؟ لسّة عامل إيه؟ لسّة هيعمل إيه؟

نصّ الاستماع لواقع الحياة

عادل	آه. أنا آسف جداً .. آسف قوي.
سناء	لا معلش. مافيش حاجة .. بسيطة.
عادل	اللّه! مين؟! سناء؟ مش معقول! إزيّك يا سناء؟
سناء	مين؟ مش معقول! عادل؟ أهلاً. أهلاً .. إنت فينك يا عادل؟ أنا ماشفتكش من أيّام المدرسة! قوللي أخبارك. بتشتغل فين و إيه؟
عادل	أنا الحمد للّه كويّس. بعد المدرسة دخلت كليّة الهندسة. و طبعاً دخلت الجيش بعد الكليّة.
سناء	اتجوّزت يا عادل؟ عندَك أولاد؟ بتشتغل إيه؟ احكي لي.
عادل	آه. اتجوّزت و كان عندي ولد و دلوقتي بقى عندي اتنين إحنا لسّة مِخلّفين قُريّب. و الحمد للّه اشتغلت في الكليّة مدرّس و لسّة باشتغل هناك. بقيت أستاذ دلوقتي و لسّة هاعمل مكتب هندسي بتاعي بعد شهرين إن شاء اللّه. وإنتي إيه أخبارِك؟ أنا من زمان ماسمعتش حاجة عنّك.
سناء	أنا برضه درست و اتخرّجت من كليّة الطب و اشتغلت دكتورة في مستشفى الساحل و لسّة باشتغل هناك و خلّفت ولد و بنت. لسّة بيروحوا المدرسة طبعاً.
عادل	و لسّة ساكنة في شبرا و لسّة بتسوقي العربيّة الڤولكس؟
سناء	لا. إحنا لسّة مِعزّلين. رحنا شقّة على النيل. لكن لسّة باسوق عربيتي الڤولكس. عربيّة زيّ الفُلّ عمرها ١٥ سنة و لسّة بتوصّلني في كلّ حتّة.
عادل	طيّب ياستّي ربنا يخللّي الڤولكس و صاحبة الڤولكس. فرصة سعيدة قوي.
سناء	أنا أسعد.

القراءة والكتابة

ده إعلان عن معروضات لحاجات من خان الخليلي في جريدة الوسيط. اقرا الإعلان و الأسعار و المعلومات عن المعروضات دي.

الوسيط

معروضات خان الخليلي
الميعاد يوم الجمعة الساعة ١٠ صباحاً   المكان فندق شهر زاد المهندسين

جلابيّة قطن منقوشة بدوي بكم وبنص كم

حلق بدوي فضّي جميع الأشكال. فضّي – دهبي

خرطوشة بحروف فرعوني كلّ الأنواع

طبق مشغول نحاس

خاتم كلّ الألوان / كلّ المقاسات / فضّي – دهبي

عُقد أصلي ألوان و سادة

مفتاح الحياة فضّي أو دهبي

طقم فضّة أو دهب
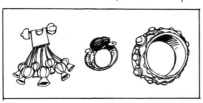

السعر حسب النوع والمقاس

الكتابة

اقرا الإعلان و اكتب لستة إنت عايز إيه و لسّة مااشتريتش إيه.

عايز أشتري	لسّة مااشتريتش	اشتريت	لسّة هاشتري

الكلام

موقف (١)

أبو عزيز تعبان قوي في المستشفى و جه الشغل متأخّر.

كمّل الحوار و كرّره مع زميلك:

شهير ....؟

عزيز أنا لسّة واصل من ٥ دقايق. متدّايق شويّة يا شهير.

شهير ....؟

عزيز بابا تعبان قوي. ودّيته المستشفى إمبارح وسهرت جنبه ولسّه جاي من عنده دلوقتي.

شهير ....؟

عزيز لا لسّة شارب في المستشفى قبل ماآجي على طول.

شهير ....؟

عزيز لسّة متصل بيها و قالت إنّها لسّة هتوصّل الولاد المدرسة و بعدين لسّة هنروح ....

شهير .... إلخ.

عزيز .... إلخ.

كمّل الحوار من عندك.

موقف (٢)

إنت راكب المترو مع زميلك. شفت ناس حاسس إنّك عارفهم:

طالب (أ) اسأل عن الناس دول.

طالب (ب) فيه واحد تعرفه و واحد لا.

استعملوا لغة السؤال و الإجابة في الحوار.

موقف (٣)

إنت ماشفتش زميلك من زمان.

طالب (أ) اسأله عن حياته و عن عيلته.

طالب (ب) اتكلّم عن إنجازاتك و عملت إيه في الوقت اللي فات.

اعكسوا الأدوار و كرّروا النشاط.

افتكــر

(١) للكلام عن استمرار الإنجاز:

لسّة بياكل.	لسّة + بـ + فعل مضارع
لسّة واقف لغاية دلوقتي.	لسّة + اسم فاعل

(٢) للكلام عن إنجازات لسّة ماتمّتش:

لسّة + ما + الفعل + ش　　　لسّة ماكلش – ماخلّصش.

(٣) للكلام عن إنجاز من وقت قريّب:

لسّة + اسم فاعل　　　لسّة مخِلّص من شويّه.

(٤) للكلام عن إنجاز في المستقبل:

لسّة +هـ + فعل مضارع　　　لسّة هايخلّص.

(٥) للحصول على معلومات عن شخص أو إنجازاته:

السؤال	الإجابة
وده مين ده اللي واقف ....؟	آه. ده ! مش عارف / ماعرفهوش.
دي مين دي اللي ....؟	ماشفتهاش قبل كده / ماعرفهاش.
دول مين دول اللي ....؟	ماعرفش / مش متأكّد / مش فاكر / ماعرفهمش.
مش ده/ دي/ دول ....؟	لا مش هوَّ ده / مش هيَّ دي / مش همَّ دول. أو أيوه هوَّ ده / أيوه هيَّ دي / أيوه همَّ دول.

راجع معانا

من وحدة ٥-٨

تدريب (١)

المواقف دي حصلت لك الشهر اللي فات:

- حاجة ماكانش مفروض تشتريها لكن اشتريتها.
- واحد كان لازم تبعتله رسالة إلكترونيّة (e-mail) بس مابعتش.
- حدّ كان لازم تتصلّ بيه بس ماتّصلتش.
- حاجة كان لازم تعملها وماعملتهاش.
- مشوار كان مفروض تروحه و مارحتهوش.
- حدّ كان لازم تزوره بس مازورتهوش.
- فلوس كان المفروض تدفعها و مادفعتهاش.

اتكلّم مع زميلك عن كلّ موقف من المواقف دي زي المثال:

طالب (أ): إمبارح اشتريت أباجورة في الأوكازيون بسّ ماكانش مفروض أشتريها أصلاً. لونها مش حلو و غالية و ماعجبتش جوزي.

طالب (ب): و أنا كمان عملت نفس الحكاية برضه اشتريت ....

تدريب (٢)

اكتب اسم الفاعل.

١- طالب (أ): أنا .... بكرة السينما فيه فيلم حلو .. ما تيجي معايا؟ (يروح)

طالب (ب): لا .. شكرا أنا لسّة .... الفيلم ده إمبارح. (يشوف)

٢- طالب (أ): إنتوا .... أمريكا إمتى؟ (يسافر)

طالب (ب): إحنا .... الأسبوع الجاى إن شاء اللّه.

٣- طالب (أ): ماشفتيش نوال؟

طالب (ب): أنا شفت نوال إمبارح و كانت .... (بتمشي) في شارع قصر النيل و .... أكياس كتيرة (بتشيل).

تدريب (٣)

اطلب مساعدة زميلك في الطلبات دي:

الشنطة – العربيّة – المطار – فاتورة الكهربا – الدرس الجديد – الغدا

(استعمل ممكن تعمللي)

تدريب (٤)

كمّل الحوار.

طالب (أ): سمعت عن ماجد؟

طالب (ب): لا .... إيه اللي حصل؟

طالب (أ): ....

طالب (ب): ياه! ياخبر إسود! إمتى ده حصل؟

طالب (أ): ....

طالب (ب): طيّب ما تيجي ....؟

طالب (أ): لا هوَّ لسّة تعبان دلوقتي ممكن ....؟

طالب (ب): طيّب ما تيجي .... البيت؟

Glossary فهرس

Module 1 الوحدة الأولى

Presentation	**تقديم (١–١)**
was born	اتولد
studied	درس
graduated	اتخرّج
joined the army	دخل الجيش
left the army	خرج من الجيش
social status	الحالة الاجتماعيّة
military status	موقف التجنيد
child	طفل
marriage	الجواز
had a baby	خلّف
lived	عاش
prize	جايزة
date of birth	تاريخ الميلاد
the story of my life	مشوار حياتي

Presentation	**تقديم (١–٢)**
The White Desert	الصحرا البيضا
warm clothes	هدوم تقيلة
spring	عين
springs	عيون
oasis	واحة
many oases	واحات كتير
announced	أعلن
I think	افْتكر
arrived	وصل
tent	خيمة
the way	السكّة
leg	رجل
thief	حرامي
ran	جري
prison	سجن
overpower	تغلب
player	لاعب
players	لعّيبة
a good beating	علقَة سخنَة
cap	طاقيّة
held	مسك
was stolen	اتسِرق

Presentation	**تقديم (١–٣)**
line	طابور
bride	عروسة
wedding	فرح
strange	غريب
cute	ظريفة
sweet	لذيذ
to finish	نخلّص
they say about him	بيقولوا عليه
to be finished	تخلص
I wonder	ياترى
near	قرْب
the end of	آخرِ
really	فعلاً

Presentation	تقديم (٢ –٢)
grandfather	جدّ
grandmother	جدّة
paternal uncle	عمّ
paternal aunt	عمّة
maternal uncle	خال
maternal aunt	خالة
shoulder	كتف
leaning on	ساند
paternal cousin	بنت عمّي
maternal second cousin	بنت ابن خال
paternal cousins	أولاد عمّي
maternal cousins	أولاد خالي
to celebrate	يعيّد
the day of the feast	يوم العيد
toy	لعبة
all the time	طول الوقت
describe	اوصف
alternatively	بالتبادل

Presentation	تقديم (٢–٣)
luck	حظّ
who has red hair	أم شعر أحمر
who has a beard	أبو دقن
blender	خلّاط
necklace	عقد
job opportunity	فرصة شغل
I have an errand to run	ورايا مشوار
at your service	تحت أمرك
I have an opportunity	قدّامي فرصة

one moment	لحظة واحدة
magnificent	هايل
he thought	فكّر
he forgot	ناسي
out of order	عطِل

Real Life	واقع الحياة ١
The Ring Road	الطريق الدائِري
he got lost	تاه
he got scared	خاف
it rained	الدنيا مطّرت
graveyard	المقابر

Module 2 الوحدة التانية

Presentation	تقديم (٢–١)
they look pharaonic	شكلهم فرعوني
holding	ماسك
axe	فاس
resting	يستريّح
lifting	رافع
farmer	فلّاح
wife of a farmer	فلَاحة
scenery	مناظر
to describe	يوصف
state	حالة
looking at	باصص
to shave	يحلق
with his legs	حاطط رجل
crossed	على رجل
crown	تاج
king	ملك
queen	ملكة

Coptic monuments	آثارقبطيّة
generally	عموماً
Valley of the Kings	وادي الملوك
right	صحيح
museums	متاحف

Presentation	**تقديم (٣-٢)**
river	نهر
lower than	أوطى
higher than	أعلى
illuminated	منوّر
noisy	مزعج
dark	مضلّم
tender	طري
slow	بطيء
hard	ناشف
fast	سريع
intelligent	ذكي
smart	يشغّل مخّه
an invention	اختراع
much nicer	أظرف
modern	حديث
more modern	أحدث
newer	أجدد

Presentation	**تقديم (٣-٣)**
I would like to introduce	اقدّم لك
favorite	المفضّل
broke	كسر
hit	خبط
arm	دراع
leg	رجل
do you have five minutes?	معاك ٥ دقايق؟
in a hurry	مستعجل
unfortunately	للأسف
really?	بجدّ؟

Real Life	**من واقع الحياة ٢**
I am late	اتأخّرت عليك
a bald man	راجل أصلع
material	قماش
scale	ميزان
the poor man	الراجل المسكين
reception	الاستقبال
unbelievable	مش معقولة

Module 3 الوحدة التالتة

Presentation	**تقديم (٣-١)**
huge	ضخمة
quiet	هادي
organized	منظّم
crowded	زحمة
safe	أمان
fantastic	هايل
comfortable	مريح
spacious	واسع
entertaining	مسلّى
delicious food	أكل لذيذ
friendly people	ناس لطيفة
excellent	ممتاز
beaches	الشواطيء
Roman monuments	آثار رومانيّة
pharaonic monuments	آثارفرعونيّة

donkey	حمار
cow	بقرة
at a distance of	على بعد
pollution	تلوّث
private cars	عربيّات مَلاكي
subway	مترو الأنفاق
changed	اتغيّر
village	قرية

Presentation	**تقديم (٤-٢)**
sand	الرمل
feast	عيد
gift	عيديّة
feast cookies	كحك
to fly a kite	يطيّر طيّارة
dogs	كلاب
countryside	البلد
sweet potatoes	بطاطا
pigeons	حمام
animals	حيوانات
childhood memories	ذكريات الطفولة

Presentation	**تقديم (٤-٣)**
cleaners	مغسلة
to stain	يبقّع
to dirty	وسّخ
evening dress	فستان سواريه
stain	بُقعة
directions	وصفة السكّة
Ministry of Foreign Affairs	وزارة الخارجيّة
fire department	مطافي
palace	قصر
building	مبنى

my work is affected	شغلي واقف
I am honored	اتشرّفت
the honor is mine	الشرف ليّا
banana skin	قشر موز
what is wrong?	إيه حكايتك؟
fell down	وقع
form	كوّن
to start	يبدأ
to get to know	التعارف
in common	مشتركة
to discover	يكتشف
I am happier	أنا أسعد
to pass by	يعدّي

Real Life	**من واقع الحياة ٣**
tiring	متعب
comfortable	مريح
don't bother with her	سيبك منها
dream girl	فتاة أحلآم

Module 4 الوحدة الرابعة

Presentation	**تقديم (٤-١)**
gardens	جناين
trees	شجر
electricity	نور
bicycle	بسكلتّة
order	نظام
they cut it off	قطعوها
newspaper vendor	بيّاع جرايد
simple	بسيطة
life	الحياة
magnificent	يجنّن

Real Life — من واقع الحياة؟

to fast — يصوم
to pray — يصلي
lantern — فانوس
person who wakes people for pre-dawn Ramadan meal — مسحراتي
an evening out — سهرة
melodies — أنغام
subscription — الاشتراك
dancer — الراقصة
to begin — تبتدي
gate — بوابة
comparison — مقارنة
Yellow Pages — الدليل الأصفر
Cairo Guide — دليل القاهرة
to process a film — يحمّض فيلم
jeweler — جواهرجي
cobbler — جزمجي
to spend money — يصرف فلوس
parcel — طرد

Module 5 — الوحدة الخامسة

Presentation — تقديم (٥-١)
times have changed — الزمن اتغيّر
horses — خيل
tram — ترماي
there was — كان فيه
became — بقى فيه
was living — كان ساكن
all these people — العالم ده كلّه
out of order — بايظ

---

smoke — دخان
is enough — يكفّي
somebody in back — واحد ورا
driver — أسطى
photography — تصوير
stamp collecting — جمع طوابع
fishing — صيد سمك
acquaintances — المعارف
river — نهر
mountain — جبل

Presentation — تقديم (٥-٢)
church — كنيسة
break the fast — الفطار
Taraweeh prayers — صلاة التراويح
a card — كارت
cards — كروت
many happy returns — كل سنة وإنت طيّب
to stay up late — يسهر
handicrafts — أشغال يدويّة
to express his opinion — يقول رأيه
to plant — بيزرع
article — مقالة
means of transport — مواصلات

Presentation — تقديم (٥-٣)
Why don't we? — ماتيجي ن
Shall we? — ماتيالّلا
Why don't you keep? — ماتخلّي
Not bad — مش بطّال
Let us — يالّلا بينا

you are right	معاك حق
very strange	غريبة قوي
my mother-in-law	حماتي
sleeping pills	منوّم
took	خَدّ
swollen	وارم
molar	ضرس
x-ray	أشعّة

Presentation	**تقديم (٦–٢)**
please	وحياتك
if you please	من فضلك
to move furniture	ينقل العفش
to move house	يعزّل
to hang clothes	نشّر
to make it easy	يريّح
educated	متعلّم
ignorant	جاهل
dessert	حاجة حلوة
pulled	شدّ
laughed at	ضحك على
made him carry	شيّل
tied	ربَط
threw	رمى
idiot	عبيط
they had no right	ماعندهمش حقّ
village mayor	شيخ البلد
the road	الطريق

Presentation	**تقديم (٦–٣)**
injured	عوّر
traffic light	الإشارة
reconciled	اصطلح
got into a fight	اتخانق
A game of backgammon	عشرة طاولة
clique	شلّة
goat meat	نيفة
the result	النتيجة
at the same time	بالمرّة
right away	على طول
A small cup of tea	خمسينة شاي
go outdoors	نشمّ هوا
to attend	يِحْضَر
works	ينفع
it doesn't work	ما ينفعش
let's make it another time	خلليها مرّة تانيّة
to pass by	يعدّي على
accepts an invitation	يقبل الدعوة
to postpone	يأجّل

Real Life	**من واقع الحياة ٥**
Faculty of Agriculture	كليّة الزراعة
to plant	ازرع
the village	البلد
education	تعليم
factories	مصانع
agriculture	زراعة
kicked out	طرد
what a pity	ياخسارة

Module 6 الوحدة السادسة

Presentation	**تقديم (٦–١)**
apology	اعتذار
common cold	زكام

bills	فواتير
reports	تقارير
adolescent	مراهق
adolescents	مراهقين

Presentation	**تقديم (٧–٢)**
to discuss	يناقش
by the way	على فكرة
find me a solution	شوفيلي حلّ
get me an appointment	شوفيلي ميعاد
lunch appointment	ميعاد غدا
dinner	عشاء
unfortunately	للأسف
help	مساعدة
to ascend	يطلّع
to collect	يلمّ
to wipe off	يمسح
tap	الحنفيّة
the oven	الفرن
grocer's	البقالة
delegation	وفْد
took	خَد
because	عشان

Presentation	**تقديم (٧–٣)**
sales	الأوكازيون
began	ابتدى
just five hours	يادوب ٥ ساعات
flatmate	شريك الشقّة

Real Life	**من واقع الحياة ٧**
manners	ذوق

leave people alone	سيبي الناس في حالهم
he had twins	خلف توأم
he was top of the class	طلع الأول على الدُفعة
got engaged	خَطب
shame on you	حرام عليك

Real Life	**من واقع الحياة ٦**
to inform	يبلّغ
police complaint	بلاغ
I lost a ...	ضاع منّي
ring	خاتم
actually	فعلاً
closed	مقفول
opened	مفتوح
wishes to travel	نفسه يسافر
follow instructions	اتبع التعليمات

Module 7 الوحدة السابعة

Presentation	**تقديم (٧–١)**
failed the exam	سقط
cut off the electricity	قطع الكهربا
ran out of time	ضاع الوقت
electricity receipt	وصل النور
book fair	معرض الكتاب
to shout	يزعّق
to blame	يلوم
to complain	يشتكي
you are right	معاك حق

gold	دهب
goldsmith	صايغ
ironed	كوى
hung clothes	نشّر هدوم
wiped off	مسح
polished	لمّع
to fill up gas tank	موّن بنزين

Presentation	**تقديم (٨–٣)**
the bald man	أبو صلعة
played music	عزف موسيقى
Faculty of Tourism	كليّة السياحة
Egyptian tournament	بطولة مصر
I don't think so	مافتكرش
I think so	أفتكر
honeymoon	شهر عسل
promotion	ترقيّة
a post at work	مركز في الشغل

Real Life	**من واقع الحياة ٨**
simple	بسيطة
tell me	احكي لي
God bless you	ربنا يخلليك
nice to see you	فرصة سعيدة
still lives there	لسّة ساكنة
still early	لسّة بدري
changed job	غيّر الشغل
all kinds	جميع الأنواع
depends on the kind	حسب النوع
original	أصلي

horrible	فظيع
great	هايل
lower the volume	يوطّي الصوت
for my sake	عشان خاطري
to breathe	يتنفّس
to increase	يزوّد
health	الصحة
pollution	التلوّث
cleanliness	نظافة
environment	البيئة
smoking	التدخين

Module 8 الوحدة التامنة

Presentation	**تقديم (٨–١)**
called	اتّصل بـ
designs	رسومات
new project	المشروع الجديد
file	دوسيه
your face	وشّك
Faculty of Engineering	كليّة الهندسة
file	ملف
the number is busy	النمرة مشغولة

Presentation	**تقديم (٨–٢)**
earrings	حلق
bargle	غويشة
chain	سلسلة
set	طقم
copper plate	طبق نحاس
shop window	فترينة
silver	فضّة